零起点学会计

周龙腾 编著

中国宇航出版社
·北京·

图书在版编目（CIP）数据

零起点学会计 / 周龙腾编著．--北京：中国宇航出版社，2014.3（2015.5 重印）

ISBN 978-7-5159-0632-4

Ⅰ.①零…　Ⅱ.①周…　Ⅲ.①会计学　Ⅳ.①F230

中国版本图书馆 CIP 数据核字（2014）第 017197 号

策划编辑	董　琳	封面设计	文道思
责任编辑	董　琳　许　磊	责任校对	陈晓敏

出版发行	中国宇航出版社		
社　址	北京市阜成路 8 号 (010)68768548	邮　编	100830
网　址	www.caphbook.com		
经　销	新华书店		
发行部	(010)68371900 (010)68768541		(010)88530478(传真) (010)68767294(传真)
零售店	读者服务部 (010)68371105		北京宇航文苑 (010)62529336
承　印	北京嘉恒彩色印刷有限公司		
版　次	2014 年 3 月第 1 版		2015 年 5 月第 2 次印刷
规　格	880×1230	开　本	1/32
印　张	5.25	字　数	141 千字
书　号	ISBN 978-7-5159-0632-4		
定　价	15.00 元		

本书如有印装质量问题，可与发行部联系调换

前言

在现代经济社会中，会计的作用不言而喻。作为一名经营管理者，你需要懂会计，因为所有经营活动的结果最后都会反映到“账”上，可以说，不懂会计，就做不好管理；作为一名个体投资者，你必须了解会计，只有了解会计你才不会在炒股时停留在只看“净利润”或“每股盈余”的层次上，而是可以通过对公司年报“立体穿透式”的阅读，对公司的经营状况和业绩作出更加理性的判断；对于正在学校就读的学生，会计的学习更加不可忽视，无论就读的专业是否属于经济管理领域，会计作为一门通用的“商业语言”，是身处现代经济社会中的每个人必须具备的“语言素质”之一。

但是，会计又是一门很“晦涩”的学科，其中充满了数字，特殊的规则、体系和专用表述等，容易使初学者望而却步。因此，让学习会计变得更加容易、轻松，让任何想学习会计、了解会计的人都能做到真正从“零起点”学起，轻松而充满乐趣地掌握会计这门大有用处的知识，正是本书写作的初衷。

市面上会计方面的书不少，大部分充满了会计术语，绕来绕去，不容易弄清楚。对比起来，本书具有以下几方面的特点。

(1)介绍理论时，努力做到“简约但不简单”。经济现象十分复杂，作为经济现象反映的会计数字同样五花八门、变幻莫测。所以，对这些基础会计问题的理解才是会计的精髓，它能带你走入会计的自由王国，能够让你根据客观情况灵活运用所学知识。另一方面，对理论问题的介绍做到了“深入浅出”，书中把复杂问题简单化，通过图表、案例等方式把理论问题立体化、透视化，这样，读者掌握起来就十分轻松容易了。

(2) 包括大量案例。案例的加入，使基础知识的讲解可以做到有的放矢，避免空谈，把理论带入实务，使难点变得容易理解。

(3) 大量引入小故事，精美插图与文字表述相得益彰。这样立体化的交流必然会带给读者最大的理解空间，激发读者的阅读兴趣。

(4) 在语言表达上，尽力做到既专业又不失活泼，让会计的精髓跃然纸上，与读者的心灵交融沟通。

作　者

2014 年 3 月

目录

第一章 为什么要懂会计

第二章 会计初印象

第三章 认识会计凭证和会计账簿

第四章　企业资产的核算

第五章　负债和所有者权益的核算

第六章　收入、费用和利润的核算

第七章　认识财务报表

为什么要懂会计

会计工作是每个企业必须进行的一项管理活动，会计人员也是每个企业必备的工作人员。不仅如此，其实会计与日常生活的关系也非常密切，不仅仅是会计人员需要懂会计，对于企业的所有者、投资者以及家庭的理财者来说，学习会计都可以帮助他们更好地管理财务和经营事业。

在这一章，你将会知道

◇ 生活中哪些时候需要用到会计。

◇ 哪些人需要懂会计。

◇ 怎样才能学好会计。

生活中的会计

对于企业来说，会计工作当然是不可或缺的，但是，在商品化程度日益提高的现代社会，普通人的生活中也包含着许多与会计密不可分的部分，因此，懂得会计知识在一定程度上也可以使个人的生活获益良多。

小故事

有一个小姑娘是学会计的，最近谈了个对象，为了更加了解对方，她决定对小伙子来一番“审计”。

小姑娘问：你每月的“主营业务收入”是多少？小伙子反应蛮快，心想，这是在问我工资，答：5 000 元。

小姑娘又问：是毛收入，还是净收入。小伙子心中有点发毛，虽说每月工资 5 000 元，但到手没那么多。答：毛收入吧。

小姑娘在心里大致算了算，毛收入扣除各项保险基金，再扣除个人所得税，应该是不到 4 000 元，问：实发工资不到 4 000 元吧？小伙子一惊，心想，太犀利了，于是忙点头。

小姑娘微微一笑，问：房子多大？小伙子答：100 多平吧。

小姑娘又微微一笑：在什么位置？小伙子答：宣武门附近。

小姑娘脑袋一转，宣武门附近的二手房往少了算都得 30 000 元 1 平米，100 平就是 3 000 000 元，再加上一个月 4 000 元左右的收入，经济上过关了。于是与小伙子手挽着手吃饭去了，并打算下一步在其他方面继续对小伙子进行“审计”……

当然，对于非专业人员来说，要做到故事中的姑娘那样时时刻刻以会计的眼光对周围的人和事进行评估可能有些困难。但是，学好会计的确可以使自己能更好地在生活中作出各种选择。

哪些人要懂会计

企业会计人员需要懂会计，这一点是毋庸置疑的，但是作为大部分非从业人员，也需要懂一些会计知识，这不仅会给个人带来生活上的方便，更重要的是还会带来获得财富的机会。那么，到底哪些人需要懂会计呢？

除了会计从业人员，需要懂会计的人如表 1－1 所示。

表 1－1　需要懂会计的人

需要懂会计的人	原因
公司老板 	作为公司的首席管理者，如果不懂会计，编计划、搞测算、核成本、计损益等无一不依靠会计人员，那么就会对企业的资金、商品、财产的变化、结构等情况心中没底，无法及时进行有效的调整和作出正确的决策
上班族 	对于上班族来说，除了关心工作，更应该关心所在单位的发展前景。而通过对所在单位财务状况的分析，就可以判断出公司的偿债能力、盈利能力等各项指标，从而判断公司的运营情况，作出去留决定

（续表）

需要懂会计的人	原因
股民 	对于股票投资者来说，看明白一家公司的财务报告对其选择股票具有极大的帮助。虽然有部分投机主义者往往忽略公司的实际运营情况而选择投机的方式获取收益，但是，在一个较为发达的股票市场中，这种方式并不是一个中长期的获利方式。只有通过读懂财务报告，才能有效地规避股票中的垃圾股，获得长期的投资收益
债权人 	作为债权人，在借钱给其他公司时，最担心的问题就是对方能不能如期还钱，而这取决于债务人的盈利能力和偿债能力，以及负债情况，这些情况的获得都需要具备一定的会计学知识，可以从对方的账务情况以及财务报告中获知
一家之主 	对于掌握家庭财政大权的一家之主来说，如何合理地安排收支，从而保持收支平衡、防止发生“财政赤字”，以及如何利用闲置的资金进行合理的投资对家庭具有重要的意义，而这些都需要对会计知识有一定的了解

怎样学会计

会计学可能是现今世界上最乏味的学科之一，艰涩难懂的会计原则，众如繁星般的会计科目，排山倒海的数字、表格和凭证以及繁复多变的会计算式，经常令会计初学者望而却步，即使硬着头皮坚持学习，也往往体会不到会计学的美妙，做不到对会计学深层次的理解。那么，到底怎样才能学好会计呢？

一、挖掘会计的趣味性

会计难学的首要原因是由于其枯燥乏味，而学会计的首要任务就是发掘会计的趣味性。有一种方法就是通过联想将会计同日常生活相联系，会计科目可以与日常生活中的人和物相联系，会计事项可以同日常生活中发生的事情相联系，会计原则可以同生活中的一些常识相联系……这样一来，会计就变得有意思多了。

小故事

有人曾经将生活中的各方面以会计科目比喻如下：

缘分是营业外收入；本人是固定资产；生活是持续经营；反思是内部盘点；爱情是无形资产；爱人是实收资本；孩子是应付账款；思念是日记账；吵架是坏账准备；结婚是合并报表；暗恋是收不回的呆账；错爱是高估净利润；疾病是营业损失；年龄是累计折旧；眼泪是所有者权益；人情是其他应付款；误会是错误分录；解释是更正分录；回忆是财务分析；分手是破产清算；复合是回转分录；再婚是资产重组；读书是长期投资；买衣服是包装费；找情人是营业外支出；上医院是维修费。

姑且不论这种比喻是否合理，但这样的自我娱乐精神值得各位初学会计人士学习。

二、克服对数字的恐惧

除了会计自身的枯燥以外，会计难学的原因还在于许多人对于数字与生俱来的恐惧感。“一看到数字就头晕”，或者是“一看到数字就心烦”，这种话周围的人经常说。数字，尤其是成篇的数字常常会让人心生无力感，而会计正是以数字为重心的一门学科。因此，要学好会计，很重要的一点就是克服对数字的恐惧感。

其实，会计中虽然包含的数字繁多，但需要我们关注的却不多。一张报表，我们需要考察的并非是所有账户具体数据的多少，而仅仅是一部分数据和简易指标的合理性。整篇的数据，我们需要关注的只是其中的几个，而数据处理的难度更是可能仅仅相当于小学的程度，那还有什么可担忧的？至于之前的账务处理，所涉及到的也仅仅是加减乘除这样简单的运算，至于数据的大小，只是多几位数的问题。因此，会计中的数字其实一点都不难，只要耐心地接触和学习，就能够顺利地踏出学好会计的第一步。

小故事

某知名院校的博士生导师在回忆起自己如何对企业财务分析做到如此精通时，讲到：“其实我最擅长的是宏观经济层面的东西，我做学生的时候也是学这一方面的。但是后来，我意识到学会会计、知道它如何记账、看懂财务报表对于企业甚至投资者都有很大的作用。为了能看懂财务报表，我从网站上下载了几千张上市公司的财务报表，一张一张地看，不懂的地方就查书，最后我发现那些数字不再生硬了，而是存在千丝万缕的联系，我也能够很轻松地看懂财务报表，发现公司的问题所在了，这对我以后的投资也有很大帮助。”

三、培养除法和对比思维

要想拥有会计思维，掌握“除法”是很重要的。也许有人会想：“小学三年级就学过除法了，现在说这个干什么?”的确，会计中出现的除法运算，最多相当于小学生的水平，但是重要的不是除法的难易，而是有没有这种思维能力。而对比思维则是要求会计人员善于横向对比与纵向对比，进而加深对会计现象的认识。

小故事

除法思维，就是一种化大为小的思维，它可以让我们变复杂艰巨的任务为轻松简单的事情。比如说，通过英语六级，需要掌握6 000个词汇量，好多人学习多年的英语，恐怕也没有达到这个词汇量。但是我们运用一下除法思维，假设计划使用1年的时间准备六级词汇，6 000除以300天(除去必要的休息日)，每天只需要背20个词汇。再往下细分，假设我们计划每天早晨抽出40分钟，晚上抽出100分钟，这样我们每7分钟只需要记住一个单词了，这个不难吧。

再比如说，一个刚刚工作的男孩，计划买一辆100 000元的汽车，这个金额可能让刚工作的人都觉得是一笔巨款，很多人工作好几年，银行卡上的余额从来都没有超过10 000元。但是运用除法思维就不再觉得这是一件难事。假设我们采用贷款的方式先买车，争取5年还清贷款，那么1年只需要偿还20 000元，再分摊到每个月，20 000除以12个月，每月只需要1 666.67元，那么我们每一天需要为此积累多少钱呢，1 666.67除以30天等于55.56元，我们每天节约55.56元，就可以开上100 000元的新车。当然，贷款还有利息的因素，我们为了叙事清楚，就暂且忽略。

由此可以看出，除法思维在分析事情上起了很大作用。此外，在财务报表分析的过程中，各项比例的计算也多运用除法计算，如流动比率是流动资产与流动负债的比值，资产负债率是负债数与资产数的比值等，可见除法思维在会计学习中的重要性。而光运用除法思维计算出各项比率还不能有效地判断公司的财务状况，只有在同竞争对手或行业平均水平对比的情况下，才能确切地了解公司的财务状况，并找出问题所在。

会计初印象

尽管会计是一门注重实际操作能力的学科，但它有着完备的理论基础，掌握好会计学科的基础理论，对于我们准确灵活地运用会计规则有着重要的作用。本章重点介绍会计核算的四大假设、会计六大要素等基本会计理论。

在这一章，你将会知道

◇ 会计有哪些职能。

◇ 会计的基本假设包括哪些，分别是什么。

◇ 会计的要素、会计科目和会计账户分别是什么，包含哪些内容。

◇ 单式记账法如何进行记账。

◇ 复式记账法的记账规则是什么，如何进行复试记账。

会计有什么职能

会计的职能是会计在经济管理过程中所具有的功能，从我国当前的会计实践和会计法规来看，主要有会计核算和会计监管两大职能。《中华人民共和国会计法》第五条明确规定："会计机构、会计人员依照本法规定进行会计核算，实行会计监督。"

一、会计核算

会计核算是会计最基本的职能，它是指会计以货币为主要计量单位，对特定主体的经济活动进行确认、计量、记录和报告，为有关各方提供会计信息。会计核算贯穿于经济活动的全过程，购入原材料时，需要进行会计核算；加工产品时，需要进行会计核算；卖出商品时，也要进行会计核算。以记账凭证的登记为例如下（数字为虚构）。

① 购入原材料时。

借：原材料	100	
应交税费——应交增值税（进项税额）	17	
贷：银行存款		117

② 生产加工时。

借：生产成本	200	
贷：原材料		100
应付职工薪酬		100
借：库存商品	200	
贷：生产成本		200

③ 出售商品时。

借：银行存款	351	
贷：主营业务收入		300
应交税费——应交增值税（销项税额）		51
借：主营业务成本	200	
贷：库存商品		200

二、会计监督

会计监督职能是指会计人员在进行会计核算的同时，通过预测、决策、控制、分析、考评等具体方法，对特定会计对象所发生的经济业务的合法性、合理性进行审查。

例如，对发票等原始凭证的审核，对于账簿的监督，对财产物资收发的监督，对收入支出的监督等。会计的监督职能对于防范公司职员的舞弊行为具有重要的作用。

更多

除具有核算和监督两项基本职能外，会计还具有预测经济前景、参与经济决策、计划组织以及绩效评价等职能。随着生产力水平的日益提高、社会经济关系的日益复杂和管理理论的不断深化，会计所发挥的作用日益重要，其职能也在不断丰富和发展，会计的职能将随着经济的发展而不断发展变化。

会计的基本假设

会计基本假设是整个会计核算工作的前提，它是对会计核算的时间、空间等范围所作的合理假定，包括会计主体、持续经营、会计分期和货币计量这四个基本假设。

一、会计主体

会计主体是指会计工作为其服务的特定单位或组织。对于企业来说，其核算的对象应当是其自身的各项交易或者事项。这一假设很好理解，比如说作为一家之主，其管辖的范围仅限于自己的家庭，对于其他人的家庭开支，就算是朋友或者亲戚，也不会作为自身的收支进行各项规划。这一假设限定的主要是会计核算的空间范围。

二、持续经营

持续经营是指会计主体的生产经营活动将无限期地延续下去，在可以预见的未来，会计主体不会清算、解散、倒闭而不复存在。一旦有确切的证据证实其不会再存续下去，企业将遵循破产清算会计进行账务处理。这一假设也适用于家庭，当家庭完整且经济状况良好时，采用一种财务策略；而当家庭产生某种解体可能，如离婚或逐渐步入破产时，采用的将是另一种财务策略。

三、会计分期

会计分期就是指将会计主体持续不断的经营过程划分为若干等间距的时期，即“会计期间”，会计主体按照会计期间组织会计核算、提供会计报告。为了使企业的经营者、债权人以及其他有关人员及时了解企业的财务状况和经营成果，企业需要对其生产经营活动分期进行核算。这就如同定期身体检查，人的寿命有几十年，但为了及时地了解自身的身体状况，一般每隔一定的时间都会检查身体以确认自身的健康状况。会计期间分为年度和中期，中期是指短于一个完整的会计年度的报告期间。

四、货币计量

货币计量是指会计主体在会计核算过程中应主要采用货币计量单位来记录和报告会计主体的财务状况和经营成果。

在会计的确认、计量和报告过程中，之所以选择货币为基础进行计量，是由货币的本身属性决定的。货币是商品的一般等价物，是衡量一般商品价值的共同尺度。

这是利用了货币的计量属性，在我国具体体现为以人民币为记账本位币，主要经营非人民币业务的企业法人除外。

会计要素都有什么

会计要素就是对会计对象的基本分类，新《企业会计准则》把企业的会计要素划定为资产、负债、所有者权益、收入、费用和利润六项。会计科目则是对会计要素的进一步分类，共分为资产类、负债类、权益类、成本类、损益类等五个大类。同时，为了进行具体的会计核算，则需要设置会计账户以反映会计要素的增减变动。

一、会计要素

企业财务会计的对象是企业的资金运动及其所形成的财务关系。为了具体地反映与监控这一内容，需要对会计对象进行分类。会计要素就是对会计对象的基本分类，是会计对象的具体化，是反映会计主体财务状况、经营成果的基本单位。会计要素，是指按照交易或者事项的经济特征所作的基本分类，分为反映企业财务状况的会计要素和反映企业经营成果的会计要素。它既是会计确认和计量的依据，也是确定财务报表结构和内容的基础。

新《企业会计准则》把企业的会计要素划定为资产、负债、所有者权益、收入、费用和利润六项。会计要素的分类如表 2－1 所示。

表 2－1 会计要表

分类	内容
反映企业财务状况的会计要素	资产
	负债
	所有者权益

（续表）

分类	内容
反映企业经营效果的会计要素	收入
	费用
	利润

二、资产

资产，是指过去的交易、事项形成并由企业拥有或控制的资源，该资源预期会给企业带来经济效益。资产的内容包含货币资金、应收款项及预付款项、存货、固定资产、在建工程、无形资产、长期股权投资、投资性房地产等项目。

资产按照流动资产和非流动资产在资产负债表中列示，并在这两个类别下进一步按性质分项列示，且在每一类别中，流动性大的排在前面，流动性小的排在后面。如图 2 –1 所示。

一项资源能否确认为企业的资产，需要具备资产的特征，符合资产的定义，除此之外，还需要同时满足以下的两个重要条件。

（1）在一般情况下，与该资源有关的经济利益可以流入企业。

根据资产的定义，能够带来经济利益是资产的一个本质特征，但是周围的环境处于不停息的变化之中，同一项资源在正常的情况下可以带来一定的资源，但也存在某些特殊的情形，不能带来应有的经济利益。因此，资产的确认应当与对经济利益流入的不确定性程度的判断结合起来，如果根据编制财务报表时所取得的证据，与该资源有关的经济利益很可能流入企业，那么就应当将其作为资产予以确认。

资产	期末余额	年初余额
流动资产：		
货币资金		
交易性金融资产		
应收票据		
应收账款		
预付款项		
应收利息		
应收股利		
其他应收款		
存货		
一年内到期的非流动资产		
其他流动资产		
流动资产合计		
非流动资产：		
可供出售金融资产		
持有至到期投资		
长期应收款		
长期股权投资		
投资性房地产		
固定资产		
在建工程		
工程物资		
固定资产清理		
生产性生物资产		
油气资产		
无形资产		
开发支出		
商誉		
长期待摊费用		
递延所得税资产		
其他非流动资产		

一年内或在一个营业周期内可以转换为现金的资产，主要包括货币资金、交易性金融资产应收款项及预付款项、存货、一年内到期的非流动资产等项目

除流动资产以外的资产，主要包括持有至到期投资、长期应收款、长期股权投资、投资性房地产、固定资产、在建工程、无形资产等项目

图 2-1　资产包括的内容

例如，企业购入一批粮食用于酿酒，在正常的情况下，企业可以用它酿制白酒，销售白酒后，它就可以给企业带来一定的经济利益。当我们没有足够的信息可以证明这批粮食已不能给企业带来经济利益时，就应该按照一般的情况，将它确认为资产。反之，当发现这批粮食已经霉烂，企业判断已无法带来预期的经济利益时，则表明该批粮食已经不符合资产的确认条件，企业应当对该项资产计提存货减值准备，减少资产的价值。

(2)该项资源的成本或者价值能够比较准确地计量。

因为会计是以货币为单位，通过数字对经济行为进行计量的一种管理行为，因此可计量性是确认所有会计要素的重要前提，资产的确认同样需要符合可计量性这一基本要求。只有当有关资源的成本或者价值能够可靠地计量时，资产才能予以确认。

企业取得的许多资产一般都是发生了实际成本的，例如企业购买或者生产的存货，企业购置的厂房或者设备等，对于这些资产，只要实际发生的购买或者生产成本能够可靠地计量的，就应视为符合了资产的可计量性确认条件。

因此，关于资产的确认，除了应当符合定义外，上述两个条件缺一不可，只有在同时满足的情况下，才能将其确认为一项资产。

三、负债

负债是指企业过去的交易或事项形成的、预期会导致经济利益流出企业的现时义务。根据负债的定义，负债具有以下几个方面的特征，如图2-2所示。

负债的特征
- ①负债是企业承担的现时义务
- ②负债的清偿预期会导致经济利益流出企业
- ③负债是由企业过去的交易或者事项形成的

图2-2 负债的特征

将一项现时义务确认为负债，首先应当符合负债的定义。除此之外，还需要同时满足以下两个条件。

(1)与该义务有关的经济利益很可能流出企业。

根据负债的定义，预期会导致经济利益流出企业是负债的一个本质特征。鉴于履行义务所需流出的经济利益带有不确定性，尤其是与推定义务相关的经济利益通常需要依赖于大量的估计，因此，负债的确认应当与经济利益流出的不确定性程度的判断结合起来。如果根据编制财务报表时所取得的证据判断，与现时义务有关的经济利益很可能流出企业，那么就应当将其作为负债予以确认。

例如，某公司对自己生产的电视机承诺五年内保修，技术人员依据以往的经验估计，约有5%左右的电视机将在五年的试用期内需要修理。由于此项承诺将带来企业未来经济利益的流出，就应当视为符合负债的确认条件。反之，如果该公司虽然承担了五年内保修的义务，但是根据以往的统计数据，出现修理的概率不足万分之一，该项承诺导致企业经济利益流出的可能性微乎其微，那么就不符合负债的确认条件，不应当将其作为负债予以确认。

(2)未来流出的经济利益的金额能够可靠地计量。

负债的确认也需要符合可计量性的要求，即对于未来流出的经济利益的金额应当能够比较准确地计量。对于与法定义务有关的经济利益流出金额，通常可以根据合同或者法律规定的金额予以确定。考虑到经济利益的流出一般发生在未来期间，有时未来期间的时间还很长，在这种情况下，有关金额的计量通常需要考虑货币时间价值等因素的影响。对于与推定义务有关的经济利益流出金额，通常需要较大程度的估计。为此，企业应当根据履行相关义务所需支出的最佳估计数进行估计，并综合考虑有关货币时间价值、风险等因素的影响。

按照偿还速度或偿还时间的长短，负债可划分为流动负债和长期负债两类，并按照这两类在资产负债表中列示，且在每一类别中，流动性大的排在前面，流动性小的排在后面。如图2-3所示。

负债和所有者权益(或股东权益)	期末余额	年初余额
流动负债:		
短期借款		
交易性金融负债		
应付票据		
应付账款		
预收款项		
应付职工薪酬		
应交税费		
应付利息		
应付股利		
其他应付款		
一年内到期的非流动负债		
其他流动负债		
流动负债合计		
非流动负债:		
长期借款		
应付债券		
长期应付款		
专项应付款		
预计负债		
递延所得税负债		
其他非流动负债		
非流动负债合计		
负债合计		

在一年或一个营业周期内必须清偿的债务，包括短期借款、交易性金融负债、应付账款及预收款项、一年内到期的非流动负债等

偿还期在1年或一个营业周期以上的债务，包括长期借款、应付债券、长期应付款等

图2－3　负债包括的内容

四、所有者权益

所有者权益，是指企业资产扣除负债后，由所有者享有的净资产，也叫剩余权益。公司的所有者权益又称为股东权益。所有者权益反映了所有者对企业资产的剩余索取权，是企业资产中扣除债权人权益后应由所有者享有的部分。

所有者权益和负债同属权益，都是对企业资产的要求权。企业的资产总额等于负债总额加上所有者权益总额。可见，两者都能对企业的资产提出要求权。但是，所有者权益和负债之间仍然存在着明显的区别。如图 2－4 所示。

- 两者的三大区别
  - 性质不同
    - 负债是债权人对企业资产的要求权，即债权，也是企业对债权人承担的经济责任
    - 所有者权益是企业的投资者对企业净资产的要求权，即所有权，也是企业对投资人承担的经济责任
  - 权利不同
    - 债权人与企业只有债权债务关系，无权参与企业的经营管理，也不参与企业的利润分配
    - 投资人则有法定参与管理企业或委托他人管理企业的权利，同时也有参与企业利润分配的权利
  - 偿还责任不同
    - 负债有规定的偿还期限，会要求企业按时还本付息
    - 所有者权益在企业正常经营期间，只要不发生清算、破产或其他终止经营情况，无需偿还，投资人也不得要求返还投资

图 2－4　所有者权益与负债的区别

由于所有者权益体现的是所有者在企业中的剩余权益，因此，所有者权益的确认主要依赖于其他会计要素，尤其是资产和负债的确认；所有者权益金额的确定也主要取决于资产和负债的计量。例如，企业接受投资者投入的资产，在该资产符合企业资产确认条件时，也相应地符合了所有者权益的确认条件。

所有者权益按其构成分为实收资本(股本)、资本公积和留存收益三类。如图2－5所示。

负债和所有者权益(或股东权益)	期末余额	年初余额
所有者权益(或股东权益)：		
实收资本(或股本)——投资者投入的资本形成法定资本的价值		
资本公积——资本本身升值或其他原因而产生的投资者的共同的权益		
减：库存股		
盈余公积——从利润中提取的留存于企业内部的积累		
未分配利润——留于以后年度分配的利润或待分配利润		
所有者权益 (或股东权益)合计		

图2－5　所有者权益包括的内容

小案例

小刘、小李两人向某有限责任公司A投资，小刘投入自己生产的商品一批，双方确认的价值是1 300 000元(假设就是市场价)，小李投入银行存款1 500 000元，两人的出资额与他们在注册资本中享有的份额相同。此时，A公司的实收资本增加了2 800 000元，而资本公积则不变。

两年以后，小马向该有限责任公司追加投资，其出资额为人民币1 900 000元，其享有的注册资本额为1 200 000元。此时，A公司的实收资本增加了 1 200 000 元，其资本公积则增加了 700 000 元(1 900 000 - 1 200 000)。

五、收入

收入，是指企业在日常活动中形成的、会导致所有者权益增加的、与所有者投入资本无关的经济利益的总流入。

根据收入的定义，收入具有以下几个方面的特征，如图 2-6 所示。

收入的特征

- ①收入是企业在日常活动中形成的
- ②收入会导致经济利益的流入，该流入不包括所有者投入的资本
- ③收入最终会导致所有者权益的增加

图 2-6　收入的特征

收入的确认除了符合定义外，还应满足严格的确认条件。因此，收入的确认至少应同时符合下列条件：

(1)与收入相关的经济利益很可能流入企业。

(2)经济利益流入企业的结果会导致企业资产的增加或者负债的减少。

(3)经济利益的流入额能够可靠地计量。

六、费用

费用，是指企业在日常活动中发生的，会导致所有者权益减少的，与向所有者分配利润无关的经济利益的总流出。

根据费用的定义，费用具有以下几个方面的特征，如图 2-7 所示。

费用的特征

- ①费用是企业在日常活动中发生的
- ②费用会导致经济利益的流出，该流出不包括向所有者分配的利润
- ③费用最终会导致所有者权益的减少

图 2－7　费用的特征

费用的确认除了应符合定义外，还应满足严格的确认条件。因此，费用的确认至少应符合以下条件：

(1)与费用相关的经济利益应当很可能流出企业。

(2)经济利益流出企业的结果会导致资产的减少或者负债的增加。

(3)经济利益的流出额能够可靠计量。

费用的确认应当注意以下几点：

(1)企业为生产产品、提供劳务等发生的可归属于产品成本、劳务成本等的费用，应当在确认产品销售收入、劳务收入等时，将已销售产品、已提供劳务的成本等计入当期损益。即这些费用应当与企业实现的相关收入相配比，并在同一会计期间予以确认，计入利润表。

(2)企业发生的支出不产生经济利益的，或者即使能够产生经济利益但不符合或者不再符合资产确认条件的，应当在发生时确认为费用，计入当期损益。

七、利润

利润是指企业在一定会计期间的经营成果。利润为营业利润、投资净收益和营业外收支净额等三个项目的总额减去所得税费用之后的余额。有些补贴收入也计入利润。

营业利润是企业在销售商品、提供劳务等日常活动中所产生的

利润，为主营业务利润和其他业务利润减去有关期间费用后的余额；投资净收益是投资收益与投资损失的差额；营业外收支是与企业的日常经营活动没有直接关系的各项收入和支出。其中，营业外收入项目主要有捐赠收入、固定资产盘盈、处置固定资产净收益、罚款收入等，营业外支出项目主要有固定资产盘亏、处置固定资产净损失等。

利润的确认是从属性的，一旦我们确认了收入及其相应的成本费用之后，也就意味着我们确认了该项经济行为的利润。

会计科目和会计账户

一、会计科目是什么

会计科目是按照经济业务的内容和经济管理的要求，对会计要素的具体内容进行分类核算的科目。会计科目按其所提供信息的详细程度及其统驭关系不同，又分为总分类科目和明细分类科目。前者是对会计要素具体内容进行总括分类，提供总括信息的会计科目，如“应收账款”、“原材料”等科目；后者是对总分类科目作进一步分类，提供更详细、更具体的会计信息的科目，如“应收账款”科目按债务名称设置明细科目，反映应收账款具体对象。

会计科目作为反映会计要素的构成及其变化情况，为投资者、债权人、企业经营管理者等提供会计信息的重要手段，在会计科目的设置过程中应努力做到科学、合理、适用，应遵循的原则如图2－8所示。

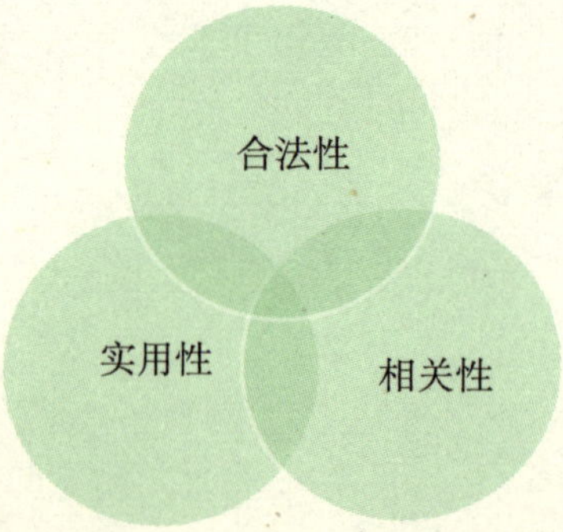

图2－8　会计科目的设置原则

1. 合法性原则

为了保证会计信息的可比性，所设置的会计科目应当符合国家统一的会计制度的规定。

2. 相关性原则

会计科目的设置，应为提供有关各方所需要的会计信息服务，满足对外报告与对内管理的要求。

3. 实用性原则

企业的组织形式、所处行业、经营内容及业务种类等不同，在会计科目的设置上亦应有所区别。在合法性的基础上，应根据企业自身特点，设置符合企业需要的会计科目。

二、如何设置会计科目及分类

会计科目按其所提供信息的详细程度及其统驭关系不同，又分为总分类科目和明细分类科目。前者是对会计要素具体内容进行总括分类、提供总括信息的会计科目。对总分类科目和明细分类科目的举例如图 2 –9 所示。

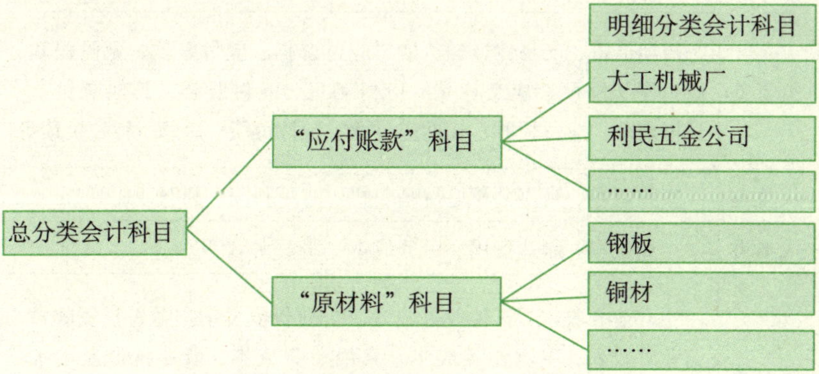

图 2 –9　总分类科目和明细分类科目举例

按照普通的分法，会计科目共分为五个类别，依次是：资产类、负债类、权益类、成本类、损益类。企业在不违反会计准则中确认、计量和报告规定的前提下，可以根据本单位的实际情况自行增设、分拆、合并会计科目。企业不存在的交易或者事项，可不设置相关会计科目。对于明细科目，企业可以比照以下常用会计科目中的规定自行设置。会计科目编号供企业填制会计凭证、登记会计账簿、查阅会计账目、采用会计软件系统参考，企业可结合实际情况自行确定会计科目编号。

根据《企业会计准则》的规定，一级会计科目总共有156个，常用的会计科目如表2－2所示。

表2－2 常用会计科目

类别	会计科目
资产类	库存现金、银行存款、其他货币资金、交易性金融资产、应收票据、应收账款、预付账款、应收股利、应收利息、其他应收款、坏账准备、材料采购、在途物资、原材料、库存商品、周转材料、存货跌价准备、持有至到期投资、可供出售金融资产、长期股权投资、投资性房地产、长期应收款、固定资产、累计折旧、在建工程、无形资产、累计摊销、商誉、递延所得税资产等
负债类	短期借款、交易性金融负债、应付票据、应付账款、预收账款、应付职工薪酬、应交税费、应付利息、应付股利、其他应付款、长期借款、应付债券、长期应付款、预计负债、递延所得税负债等
权益类	实收资本、资本公积、盈余公积、本年利润、利润分配等
成本类	生产成本、制造费用、劳务成本、研发支出等
损益类	主营业务收入、其他业务收入、公允价值变动损益、投资收益、营业外收入、主营业务成本、其他业务成本、营业税金及附加、销售费用、管理费用、财务费用、资产减值损失、营业外支出、所得税费用等

四、会计账户是什么

会计科目只是对会计对象具体内容进行分类的项目或名称，还不能进行具体的会计核算。为了全面、序时、连续、系统地反映和监督会计要素的增减变动，还必须设置账户。账户是根据会计科目设置的，具有一定格式和结构，用于分类反映会计要素增减变动情况及其结果的载体。

设置账户是会计核算的重要方法之一，账户使原始数据转换为初始会计信息，通过账户可以对大量复杂的经济业务进行分类核算，从而提供不同性质和内容的会计信息。由于账户以会计科目为依据，因而某一账户的核算内容具有独立性和排他性，并在设置上要服从于会计报表的编报要求。

同会计科目的分类相对应，账户也分为总分类账户和明细分类账户。根据总分类科目设置的账户称为总分类账户，根据明细科目设置的账户称为明细分类账户。根据会计科目的内容分类，账户可分为资产类账户、负债类账户、所有者权益类账户、成本类账户、损益类账户五类。

账户的基本结构从数量上看，发生经济业务所引起的会计要素变动，无非是增加和减少两个方面，因而账户也分为左、右两个方向，一方登记增加，另一方登记减少。至于哪一方登记增加，哪一方登记减少，取决于所记录经济业务和账户的性质。登记本期增加的金额，称为本期增加发生额；登记本期减少的金额，称为本期减少发生额；增减相抵后的差额，称为余额，余额按照表示的时间不同，分为期初余额和期末余额，其基本关系如下：

(1)对于资产类科目。

期末余额＝期初余额＋借方发生额－贷方发生额

(2)对于负债类科目。

期末余额＝期初余额－借方发生额＋贷方发生额

单式记账——记录交易的“流水账”

早期的商业模式通常以小型店铺为主，它们大多以“小本经营，恕不赊欠”为经营原则，业务以现金收付为主，其营业状况的好坏可直接从现金的多少看出。因此，其交易一般采用单式簿记，也即“流水账”般的形式予以记录。这种形式的记账方法也适用于现今的一些小型商贩以及具备理财观念的家庭。

小案例

小李是一家烟酒店的老板，他习惯于用单式簿记记录烟酒店的所有交易，并编制成表，2013 年 4 月，烟酒店发生的所有交易如下：

(1)4 月 1 日，小李进货甲品牌香烟 200 条，每条 100 元；乙品牌香烟 100 条，每条 150 元；丙品牌香烟 200 条，每条 200 元。进货 A 品牌酒 20 箱，每箱 200 元；B 品牌酒 10 箱，每箱 600 元。这些烟酒的进货都以现金支付。小李将香烟定价为甲品牌香烟每条 150 元，乙品牌香烟每条 200 元，丙品牌香烟每条 300 元；将酒定价为 A 品牌酒每箱 300 元，B 品牌酒每箱 750 元。

(2)4 月 7 日，购入计算机 1 台，价值 5 000 元。

(3)4 月 8 日，卖出甲品牌香烟 50 条，丙品牌香烟 70 条，A 品牌酒 5 箱；4 月 10 日，卖出乙品牌香烟 80 条，A 品牌酒 8 箱，B 品牌酒 5 箱；4 月 13 日，卖出甲品牌香烟 60 条，乙品牌香烟 10 条，丙品牌香烟 50 条，A 品牌酒 5 箱。

(4)4 月 15 日，交房租 10 000 元。

(5)4 月 18 日，卖出甲品牌香烟 40 条，A 品牌酒 2 箱，B 品牌酒 3 箱。

(6)4 月 20 日，交水电费 500 元。

(7)4 月 25 日，卖出甲品牌香烟 30 条、丙品牌香烟 20 条给老朋友小王，但是小王暂时没有现金，故采用赊销的方式卖出。

(8)4 月 29 日，卖出丙品牌的香烟 60 条，B 品牌酒 2 箱。

(9)4 月 30 日，小王将 4 月 25 日所欠的款项一次还清。

具体的账务处理如表 2－3 所示。可以看出，在 4 月 25 日，账上的现金为 91 000 元，暂时处于亏损状态，而直到 4 月 29 日又卖出商品时，才扭亏为盈，4 月 30 日又收到了小王所欠货款，从而最终盈利 21 000 元。

表 2－3　烟酒店 4 月账务处理表

单位：元

日期	交易事项	收入	支出	结余	对应交易号
2013/04/01	上月结余现金	100 000		100 000	
2013/04/01	进货——甲香烟（200×100）		20 000	80 000	(1)
2013/04/01	进货——乙香烟（100×150）		15 000	65 000	
2013/04/01	进货——丙香烟（200×200）		40 000	25 000	
2013/04/01	进货——A 酒（20×200）		1 000	24 000	
2013/04/01	进货——B 酒（10×600）		6 000	18 000	
2013/04/07	购入计算机 1 台		5 000	13 000	(2)

（续表）

日期	交易事项	收入	支出	结余	对应交易号
2013/04/08	卖出——甲香烟（50×150）	7 500		20 500	(3)
2013/04/08	卖出——丙香烟（70×300）	21 000		41 500	
2013/04/08	卖出——A 酒（5×300）	1 500		43 000	
2013/04/10	卖出——乙香烟（80×200）	16 000		59 000	
2013/04/10	卖出——A 酒（8×300）	2 400		61 400	
2013/04/10	卖出——B 酒（5×750）	3 750		65 150	
2013/04/13	卖出——甲香烟（60×150）	9 000		74 150	
2013/04/13	卖出——乙香烟（10×200）	2 000		76 150	
2013/04/13	卖出——丙香烟（50×300）	15 000		91 150	
2013/04/13	卖出——A 酒（5×300）	1 500		92 650	
2013/04/15	交房租		10 000	82 650	(4)
2013/04/18	卖出——甲香烟（40×150）	6 000		88 650	(5)
2013/04/18	卖出——A 酒（2×300）	600		89 250	
2013/04/18	卖出——B 酒（3×750）	2 250		91 500	

（续表）

日期	交易事项	收入	支出	结余	对应交易号
2013/04/20	交水电费		500	91 000	（6）
2013/04/29	卖出——丙香烟（60×300）	18 000		109 000	（8）
2013/04/29	卖出——B 酒（2×750）	1 500		110 500	
2013/04/30	卖出——甲香烟（30×150）	4 500		115 000	（9）
2013/04/30	卖出——丙香烟（20×300）	6 000		121 000	

复式记账——信息经济的产物

12 世纪到 15 世纪，随着商业的不断发展，独资经营模式逐渐被合伙经营和代理经营所替代，从而导致了复式簿记的产生。1494 年，意大利数学家卢卡·巴其阿勒在其著作《算术、几何与比例概要》中正式介绍了复式记账理论，标志着近代会计的诞生。复式记账法的产生是会计发展史上一个重要的里程碑，德国诗人歌德甚至曾经宣称复式记账法是人类最聪明的发明，它对人类社会的推动作用，可以与蒸汽机媲美。

一、复式记账与单式记账有什么不同

复式记账法是指对每一笔经济业务都要以相等的金额，同时在两个或两个以上相互联系的账户中进行登记的记账方法，它以权责发生制为编制准则，即根据经济实质记账，凡是本期已经实现的收入和已经发生或应当负担的费用，不论其款项是否已经收付，都应作为当期的收入和费用处理；凡是不属于当期的收入和费用，即使款项已经在当期收付，都不应作为当期的收入和费用。

以上一部分介绍单式记账法时所涉及的案例为例，如果小李采用的是复式记账法，那么在 2013 年 4 月 25 日赊销商品给小王时，就会确认收入，最终的表现是小李的烟酒店在 4 月 25 日就实现了 1 500元(91 000 +4 500 +6 000 - 100 000)的盈利。

二、复式记账法的理论基础——会计恒等式

会计恒等式是复式记账法的理论基础，也是资产负债表的理论基础，主要可以区分为关于资产的会计恒等式、关于利润的会计恒等式和综合会计恒等式这三类。

1. 关于资产的会计恒等式

公司开展经营活动的资金无非来源于两个方面：一是投资人的投入，这部分的资金即为公司的所有者权益；二是借债，这部分资金即为公司的负债。这些资金形成了企业的资产，因此，用公式表示即为：

资产 = 负债 + 所有者权益

2. 关于利润的会计恒等式

企业的目标就是获得利润，只有取得的收入抵消因获得这笔收入所花的费用后还有剩余，企业才算盈利。正是如此，可以推出另一个关于利润的会计恒等式：

利润（或亏损）= 收入 - 费用

3. 综合会计恒等式

由于企业获得的利润也是属于股东的，最终和原来投入的资产共同形成了更为扩大的所有者权益，用会计恒等式表示如下：

资产 = 负债 + 所有者权益

利润（或亏损）= 收入 - 费用

年末资产 = 年初负债 + 年初所有者权益 + 本年利润（或减去亏损）= 年初负债 + 年初所有者权益 + 本年收入 - 本年费用

三、复式记账法的理论运用——借贷记账法

借贷记账法是复式记账法的 种，它是以“借”、“贷”为记账符号，以“有借必有贷，借贷必相等”为记账规则的一种科学复式记账法。对于资产、成本、费用类科目，增加时记借方，减少时记贷方；而对于负债、所有者权益、收入类科目，增加时记贷方，减少时记借方。以“T”字账列示借贷准则如表 2 - 4 所示。

表2-4 借贷准则

借方	贷方
资产增加(+)	资产减少(-)
负债减少(-)	负债增加(+)
所有者权益减少(-)	所有者权益增加(+)
费用增加(+)	费用减少(-)
成本增加(+)	成本减少(-)
收入减少(-)	收入增加(+)

会计科目账户名称

小故事

有一个会计主任每天上班做的第一件事就是打开他座位右边第一个抽屉看一下再关起来，有时工作到一半又会开抽屉再看一下。很多同事都注意到了，很好奇但不敢问。终于，主任要退休了，大家一起为他开了惜别会，结束后，大家一起到主任的座位打开那个抽屉，只见上面写着：借方在左边，贷方在右边。可见，借贷记账法的重要性。

通俗地说，借贷记账法的含义即为得到的东西的价值总是恒等于付出的代价。举几个例子，比如从银行取现，则库存现金增加的同时银行存款也相应地发生了等量的减少；向银行借款，则银行存款增加的同时借款也相应地发生了等量的增加。这些增加或减少，分别位于借贷的两边，因此，最终的结果是借贷相等。

小案例

我们以一个简化的案例对借贷记账法进行说明，假设A公司2013年4月仅发生了6笔业务，我们分别列出各项业务所对应的“T”字账：

(1)2013 年 4 月 2 日，A 公司出纳自银行取现金 2 000 元作为备用金。

现金

借方	贷方
2 000	

银行存款

借方	贷方
	2 000

(2)2013 年 4 月 5 日，以银行存款发放职工薪酬 100 000 元。

应付职工薪酬

借方	贷方
100 000	

银行存款

借方	贷方
	100 000

(3)2013 年 4 月 9 日，A 公司向银行借入 6 个月到期的短期借款 10 000 元，年利率为 6%，款项已到账。

银行存款

借方	
100 000	

短期借款

借方	贷方
	100 000

(4)2013 年 4 月 13 日，A 公司购入原材料 1 000 元，增值税 170 元，款项以银行存款支付。需要注意的是，购入原材料时支付的增值税税款作为最终应交增值税的抵扣项，其支付时相当于负债项应交税费的减少，因此计入借方。而出售商品时收到的增值税税款则相反。

原财料

借方	贷方
100 000	

应交税费

借方	贷方
170	

银行存款

借方	贷方
	1 170

(5)2013 年 4 月 18 日，A 公司售出商品 5 000 元，增值税 850 元，库存商品成本为 2 000 元，款项尚未收到。

应收款

借方	贷方
5850	

应交税费

借方	贷方
850	

主营业务收入

借方	贷方
	5 850

主营业务成本

借方	贷方
2 000	

库存商品

借方	贷方
	2 000

(6)2013 年 4 月 21 日，购入不需安装的固定资产 1 台，以银行存款支付货款 1 000 元。

固定资产

借方	贷方
1 000	

银行存款

借方	贷方
	1 000

(7)4 月底，计算应交所得税，所得税税率为 25%。应交所得税 = (5 000 − 2 000) × 25% = 750(元)。

所得税费用

借方	贷方
750	

应交税费

借方	贷方
	750

则，月底借方总额 = 贷方总额 = 122 770(元)。

第三章

认识会计凭证和会计账簿

会计的主要工作内容可以用“算账、记账、报账”来概括，而会计人员完成以上的工作内容主要是通过收集原始凭证、编制记账凭证、登录会计账簿来实现的。作为一名财务人员，可以说天天都要和凭证、账本打交道，填制凭证、登记账簿是会计人员日常最主要的工作。本章将介绍会计凭证与会计账簿的基础知识和填制规则。

在这一章，你将会知道

◇ 什么是原始凭证，包括哪些种类。

◇ 原始凭证的基本内容有哪些。

◇ 什么是记账凭证，包括哪些种类。

◇ 如何填制和审核记账凭证。

◇ 什么是会计账簿，包括哪些种类。

◇ 如何填制会计账簿。

原始凭证——会计核算的原始资料

一、原始凭证有哪些种类

（1）按照其取得来源的不同，原始凭证可以分为外来原始凭证和自制原始凭证。

外来原始凭证从其他单位或个人取得，如购货时从供货单位取得的购货发票、飞机和火车的票据等；而自制原始凭证则从单位内部取得，例如验收材料入库时填制的“收料单”、领用材料时填制的“领料单”、发放工资时的“工资单”等。

（2）按照填制手续及内容的不同，原始凭证可以分为一次原始凭证、累计原始凭证和汇总原始凭证。

一次原始凭证是指一次性填制完成的、只反映一项经济业务或同时记录若干项同类性质经济业务的原始凭证，如各种外来原始凭证都是一次凭证。如图 3－1 所示。

领料单

领料单位：第一车间　　　　凭证编号：0021

用途：生产 A 产品　　　　2013 年 5 月 12 日　　　　仓库：1 号

材料类别	材料编号	材料名称	规格	计量单位	数量		单价	金额
					请领	实领		
甲类	0001	材料 A	3mm	kg	200	200	5.00	1 000
乙类	0002	材料 B	9mm	kg	500	500	8.00	4 000
					700	700		5 000

发料 李山　　领料 赵前　　领料单位负责人 孙兴　　记账 刘华

图 3－1　领料单

累计原始凭证是指随着经济业务事项的发生分次填制的反映在一定时期内(一般以一个月为限)连续发生的同类经济业务的自制原始凭证，如图 3－2 所示“限额领料单”。

限额领料单

领料部门：生产车间　　　　　　　　　　　　　　发料仓库：2 号

用　　途：生产 B 产品　　　　2013 年 5 月　　　　编　　号：0005

<table>
<tr><th>材料类别</th><th>材料编号</th><th>材料名称及规格</th><th>计量单位</th><th>领料限额</th><th>实际领用</th><th>单价</th><th>金额</th><th>备注</th></tr>
<tr><td>甲类</td><td>0003</td><td>材料 A
3mm</td><td>kg</td><td>1 000</td><td>860</td><td>5.00</td><td>4 300</td><td></td></tr>
<tr><td rowspan="2">日期</td><td colspan="2">请领</td><td colspan="3">实发</td><td rowspan="2">限额结余</td><td colspan="2">退库</td></tr>
<tr><td>数量</td><td>签章</td><td>数量</td><td>发料人</td><td>领料人</td><td>数量</td><td>退库单</td></tr>
<tr><td>5.8</td><td>200</td><td></td><td>200</td><td>李山</td><td>赵前</td><td>800</td><td></td><td></td></tr>
<tr><td>5.19</td><td>360</td><td></td><td>360</td><td>李山</td><td>赵前</td><td>440</td><td></td><td></td></tr>
<tr><td>5.21</td><td>100</td><td></td><td>100</td><td>李山</td><td>赵前</td><td>340</td><td></td><td></td></tr>
<tr><td>5.27</td><td>200</td><td></td><td>200</td><td>李山</td><td>赵前</td><td>140</td><td></td><td></td></tr>
<tr><td>合计</td><td>860</td><td></td><td>860</td><td></td><td></td><td>140</td><td></td><td></td></tr>
</table>

供应部门负责人 刘凤　　生产计划部门负责人 纪云　　仓库负责人签章 马武

图 3－2　限额领料单

汇总凭证则是根据一定时期内反映相同经济业务的多张原始凭证，汇总编制而成的自制原始凭证，如工资汇总表、现金收入汇总表、发料凭证汇总表等。根据上两例领料单，可编制发出材料汇总表，如图 3－3 所示。

发出材料汇总表

2013 年 5 月 31 日

会计科目(用途)	领料部门	原材料	燃料	合计
生产成本	A 产品生产车间	5 000		5 000
	B 产品生产车间	4 300		4 300
	小计	9 300		9 300
制造费用	车间一般耗用			
管理费用	管理部门耗用			
合计		9 300		9 300

会计主管 汪毅　　复核 李继　　制表 朱信

图 3－3　发出材料汇总表

(3)按照格式不同分类，原始凭证可以分为通用凭证、专用凭证。

通用凭证，是指格式统一、使用方法一致的原始凭证，是由有关部门统一印制的。通用凭证可以在某一地区某一行业使用，也可以是全国通用。例如，某省(市)印制的收据、支出凭证等，在该省(市)是通用的；又如由人民银行制作的银行转账结算凭证，在全国通用等。

专用凭证。是指由企业自行而制，仅在本企业内部使用的原始凭证。例如领料单、差旅费报销单、折旧计算表、工资费用分配表等。

(4) 按照经济业务的类别不同，分为以下六类。

款项收付业务凭证。就是指记录银行存款和现金支付业务的原始凭证。例如现金借款单、现金收据、支出凭单、零星购物发票、车船机票、银行支票、付款委托书等。

出入库业务凭证。指的是记录原材料、产成品出库、入库等情况的原始凭证。这类凭证可以是一次性凭证，也可以是累计凭证，例如入库单、出库单、领料单、提货单等。

成本费用凭证。指的是记录生产产品费用的发生以及分配情况的原始凭证。这类凭证大多是企业内部自制的凭证，例如工资费用汇总表、折旧费用分配表、制造费用分配表、产品成本计算单等。

购销业务凭证。指的是记录材料采购或者劳务供应、产成品（商品）或者劳务销售情况的原始凭证，前者为外来的凭证，后者为自制的凭证，例如提货单、发货单、交款单、运费单据的等。

固定资产业务凭证。指的是记录固定资产购置、调拨、报废和盘盈、盘亏业务的原始凭证，例如固定资产调拨单、固定资产移交清册、固定资产报废单和盘盈、盘亏报告单等。

转账业务凭证。是指会计期间终了，为了结平收入和支出等账户，计算结转成本以及当期利润等，由会计人员根据会计账簿记录而进行整理制作的原始凭证。这类原始凭证没有固定格式，但需要注明制单人并由会计主管签章。

二、原始凭证的基本内容

原始凭证必须具备以下基本内容：原始凭证的名称、填制原始凭证的日期、接受原始凭证的单位名称、经济业务内容（含品名、数量、单价、金额等）、填制单位签章、经办人员签名或盖章、凭证附件。如图 3 -4 所示。

1100103620　　北京增值税专用发票　　№ 02353192

发票联

开票日期：2010年12月01日

购货单位		密码区	
名称：华明灯具股份有限公司		8-3<01*6/2>45+*10>0*0	加密版本：01
纳税人识别号：2239833478056772		<1+<68<1682>90>973618	1100103620
地址、电话：北京市通州区		31654895*81<507**8-2+	
开户行及账号：工行解放路支行 1192063567884313432		2><+>1->-562/5826>>-1	02353192

货物或应税劳务名称	规格型号	单位	数量	单价	金额	税率	税额
玻璃		千克	80000	3.00	240000.00	17%	40800.00
涂料		升	1000	20.00	20000.00	17%	3400.00
塑料		千克	45000	3.50	157500.00	17%	26775.00
合计					¥417500.00		¥70975.00
价税合计（大写）	肆拾捌万捌千肆佰柒拾伍元整				（小写）	¥488475.00	

销货单位	备注
名称：兴盛公司	
纳税人识别号：1573589238769005	
地址、电话：北京市昌平区	
开户行及账号：建行和平路支行 07662561272	

收款人：　　复核：　　开票人：刘丹　　销货单位（章）

兴盛公司 240670341230776 发票专用章

国税函［2010］334号北京印钞厂

第二联：发票联 购货方记账凭证

图3-4　某市增值税发票样本

补充

原始凭证是具有法律效力的证明文件，是进行会计核算的依据，必须认真填制。为了保证原始凭证能够正确地、及时地、清晰地反映各项经济业务的真实情况，原始凭证的填制必须符合下列基本要求：记录要真实、内容要完整、填制要及时、书写要清楚、序号编排要清晰、格式要规范。

记账凭证——登记账簿的直接依据

记账凭证的登记是会计核算的重要环节，财务人员每个月要做的第一件事就是根据原始凭证登记记账凭证，然后在月末或定期编制科目汇总表登记总账。可以说，登记记账凭证占据了很多会计工作人员大部分的工作时间。

一、什么是记账凭证

记账凭证是会计人员根据审核无误的原始凭证，按照经济业务的内容加以归类整理，并据以确定会计分录后所填制的会计凭证，它是登记会计账簿的直接依据。如各种收款凭证、付款凭证、转账凭证等都属于记账凭证，如图 3 – 5 所示。

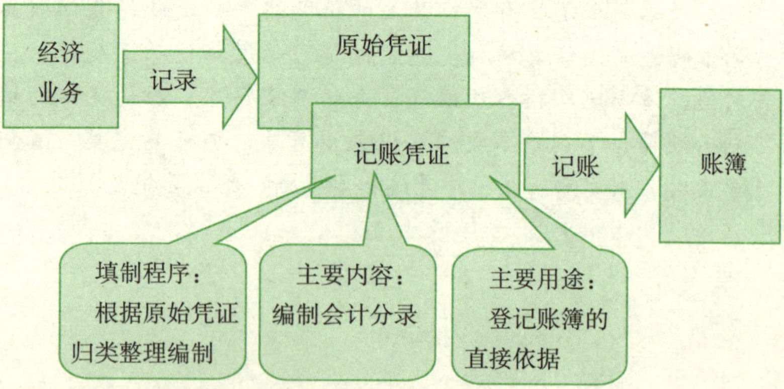

图 3 – 5　记账凭证概述

二、记账凭证有哪些种类

记账凭证的分类方法主要有以下两种：按照用途的不同，可分为通用记账凭证和专用记账凭证，专用记账凭证按照所反映的经济业务内容的不同，可分为收款凭证、付款凭证和转账凭证；按照填制方法的不同，可分为复式记账凭证和单式记账凭证，单式记账凭证又可分为借项记账凭证和贷项记账凭证。如图 3－6 所示。

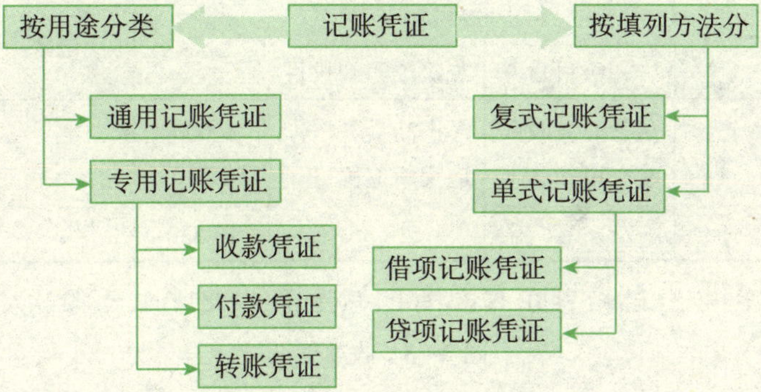

图 3－6　记账任证的分类

通用记账凭证是可用以反映所有经济业务的记账凭证，如图 3－7 所示。

记账凭证

2013 年 5 月 6 日　　　　　　　　　　编号 16

摘要	一级科目	二级或明细科目	借方金额	贷方金额	记账
销售 A 产品	银行存款 主营业务收入 应交税费	A 产品应交增值税	10 530	 9 000 1 530	
合　计			10 530	10 530	

附件 2 张

会计主管 李一　　记账 蔡勇　　稽核 肖其　　填制 杨文

图 3－7　通用记账凭证

专用记账凭证在每张凭证上只反映一定类别业务内容的记账凭

证。其中，收款凭证是用以记录现金或银行存款增加业务的记账凭证，如图 3－8 所示。

收款凭证

借方科目：银行存款　　　　2013 年 5 月 6 日　　　　收字第 8 号

摘要	贷方科目		金额	记账
	一级科目	二级或明细科目		
销售 A 产品	主营业务收入 应交税费	A 产品 应交增值税	9 000 1 530	
合　计			10 530	

附件 2 张

会计主管 李一　记账 蔡勇　稽核 肖其　填制 杨文　出纳 陆灵　交款人 方付

图 3－8　收款凭证

付款凭证指用以记录现金或银行存款减少业务的记账凭证如图 3－9 所示。

付款凭证

贷方科目：银行存款　　　　2013 年 5 月 13 日　　　　付字第 30 号

摘要	借方科目		金额	记账
	一级科目	二级或明细科目		
采购原材料	物资采购 应交税费	A 材料 应交增值税	5 000 850	
合计			5 850	

会计主管 李一　记账 蔡勇　稽核 肖其　填制 杨文　出纳 陆灵　领款人 方领

图 3－9　付款凭证

转账凭证指用以记录现金和银行存款以外业务的会计凭证，其格式与通用记账凭证大体相同，如图 3－10 所示。

转账凭证

2013 年 5 月 15 日　　　　转字第 23 号

摘要	一级科目	二级或明细科目	借方金额	贷方金额	记账
生产领用材料	生产成本	A 产品	5 000		
	原材料	A 材料		5 000	
合　计			5 000	5 000	

会计主管 李一　　记账 蔡勇　　稽核 肖其　　填制 杨文

图 3－10　转账凭证

注意

对于现金和银行存款之间的存取(相互划转)业务，为避免重复记账，应统一按减少方填制付款凭证(均付款在先)，而不填制收款凭证。

复式记账凭证是指一笔经济业务所涉及的全部会计科目及其内容在同一张记账凭证中反映的记账凭证。如图 3－10 即为复式记账凭证。

单式记账凭证是指每一笔经济业务所涉及的每一会计科目及其内容分别独立反映的记账凭证，分为借项记账凭证和贷项记账凭证。如图 3－11、3－12 所示。

借项记账凭证

对应科目：主营业务收入、应交税费　2013 年 5 月 6 日　　　编号 1/3

摘要	一级科目	二级或明细科目	金额	记账
销售 A 产品	银行存款		10 530	
合计			10 530	

会计主管 李一　记账 蔡勇　稽核 肖其　填制 杨文　出纳 陆灵　交款人 方付

图 3－11　借项记账凭证

贷项记账凭证

对应科目：银行存款　　　　2013 年 5 月 6 日　　　　编号 2/3

摘要	一级科目	二级或明细科目	金额	记账
销售 A 产品	主营业务收入		9 000	
合计			9 000	

会计主管 李一　记账 蔡勇　稽核 肖其　填制 杨文　出纳 陆灵　交款人 方付

图 3－12　贷项记账凭证

三、怎样填制记账凭证

填制记账凭证是会计核算的重要环节，填制正确与否，关系到记账的真实性。

对于收款凭证和付款凭证，应根据有关现金、银行存款和其他货币资金收款业务的原始凭证填制；而转账凭证则根据有关转账业务的原始凭证或者账簿记录填制。如图 3－13、3－14、3－15 所示。

收款凭证

在这里填写借方科目　　收款日期填在这里　　按收款业务连续编号

借方科目：银行存款　　　　×年×月×日　　　　收字第 8 号

主体科目

摘要	贷方科目		金额	记账
	一级科目	二级或明细科目		
销售 A 产品	主营业务收入	A 产品	9 000	√
	应交税费	应交增值税	1 530	√
[illegible]			[illegible]530	

附件 2 张

对经济业务的说明　　在这里填写贷方科目　　金额要填写在这栏　　已记账的标记　　原始凭证数量

会计主管 李一　记账 蔡勇　稽核 肖其　填制 杨文　出纳 陆灵　交款人 方付

有关人员签字或盖章

图 3－13　收款凭证填制方法

付款凭证

贷方科目：银行存款　　　　×年×月×日　　　　付字第30号

摘要	借方科目		金额	记账
	一级科目	二级或明细科目		
采购原材料	物资采购	A材料	5 000	√
	应交税费	应交增值税	850	√
			5	

附件壹张

会计主管 李一　记账 蔡勇　稽核 肖其　填制 杨文　出纳 陆灵　领款人 方领

主体科目

在这里填写贷方科目

付款日期填在这里

按付款业务连续编号

对经济业务的说明

在这里填写借方科目

金额要填写在这栏

已记账的标记

原始凭证数量

有关人员签字或盖章

图3-14　付款凭证填制方法

转账凭证

×年×月×日　　　　付字第30号

摘要	一级科目	二级或明细科目	借方金额	贷方金额	记账
生产领用材料	生产成本	A产品	5 000		√
	原材料	A材料		5 000	√
			5 000	5 000	

附件壹张

会计主管 李一　记账 蔡勇　稽核 肖其　填制 杨文

日期填在这里

按转账业务连续编号

对经济业务的说明

所有科目都要填写在这两栏

金额填写在这两栏

已记账的标记

原始凭证数量

有关人员签字或盖章

图3-15　转账凭证填制方法

四、怎样审核记账凭证

记账凭证是登记账簿的直接依据，为了保证账簿记录的正确性，记账前必须由专人对已编制的记账凭证进行认真、严格地审核。审核的内容如图 3－16 所示。

转账凭证

2013 年 5 月 15 日　　　　转字第 23 号

摘要	一级科目	二级或明细科目	借方金额	贷方金额	记 账
生产领用材料	生产成本	A 产品	5 000		√
	原材料	A 材料		5 000	√
				5 000	

附件壹张

会计主管 李一　　记账 蔡勇　　稽核 肖其　　填制 杨文

摘要是否正确反映了经济业务的基本内容

会计科目是否正确

金额计算是否正确

与原始凭证是否相符

有关人员是否签名或盖章

图 3－16　审核转账凭证

会计账簿
——会计凭证和会计报表的中心环节

会计凭证数量繁多且很分散，反映的会计信息缺乏系统性，难以连续、系统、完整地反映和监督企业在一定时期内的经济活动以及财务状况和经营成果，而会计账簿的设置则将分散的记账凭证进行归类整理，是连接会计凭证和会计报表的中间环节，从而有效地适应企业财务管理的要求。

一、什么是会计账簿

会计账簿简称账簿，是由具有一定格式、互有联系的若干账页组成的，以会计凭证为依据，用以全面、系统、序时、分类记录各项经济业务的簿记。如图 3－17 所示。

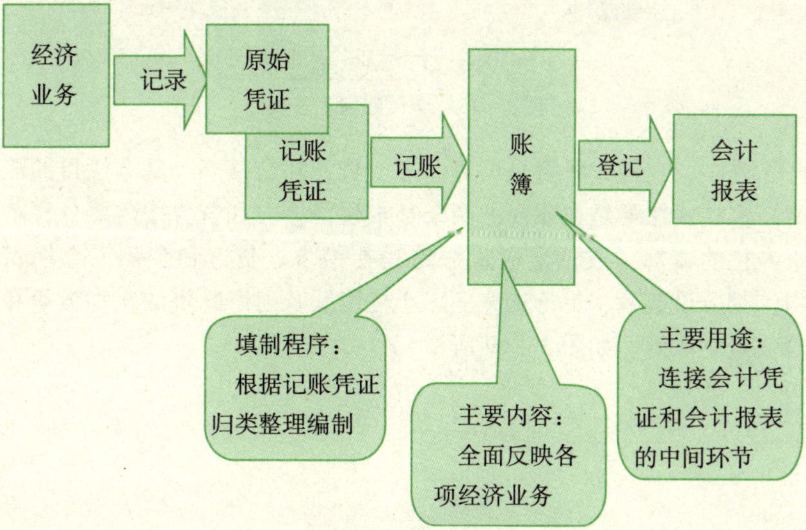

图 3－17　会计账簿

二、会计账簿的分类及其填列

会计账簿的分类方法主要有以下的三种：按照用途的不同，可分为日记账、分类账和备查簿；按照格式的不同，可以分为三栏式账簿、多栏式账簿和数量金额式账簿；按照外形的不同，可以分为订本账、活页账和卡片账。如图 3－18 所示。

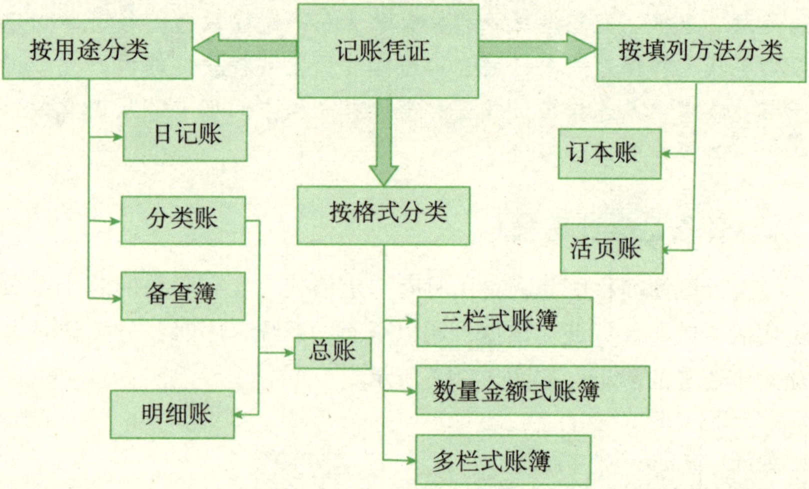

图 3－18　会计账簿的分类

其中，三栏式账簿是设有借方、贷方和余额三个基本栏目的账簿。多栏式账簿是在账簿的两个基本栏目借方和贷方按需要分设若干专栏的账簿。数量金额式账簿是在借方、贷方和余额三个栏目内，都分设数量、单价和金额三小栏以反映财产物资的实物数量和价值量的账簿。如图 3－19 所示。

三栏式

年		凭证号	摘要	对方科目	借方	贷方	借或贷	余额
月	日							

多栏多

年		凭证号	摘要	借方						贷方						余额
月	日								合计						合计	

数量金额式

年		凭证号	摘要	收入			发出			结存		
月	日			数量	单价	金额	数量	单价	金额	数量	单价	金额

图 3－19 会计账簿的三种类型

日记账是指按照经济业务发生或完成时间的先后顺序逐日逐笔进行登记的账簿。日记账以三栏式、多栏式为主。如图 3－20、3－21所示。

填列收、付款凭证日期

填列分录中现金科目的对方科目

现金日记账

（三栏式）

2013年		凭证		摘要	对方科目	收入	付出	结余
月	日	收款	付款					
5	1			承前页				3 500
	1		银付1	从银行提现金	银行存款	1 000		4 500
	1		现付1	李莉借差旅费	其他应收款		2 000	2 500
				收入销售款	主营业务收入、应交税费	702		3 202
				略				
				过次页				

每日业务终了计算填列

填列收、付款凭证种类与编号

简明扼要地说明经济业务内容

根据收、付款凭证所列金额填列

图3－20　现金日记账

登记方法与现金日记账相同

填列分录中银行存款科目的对方科目

银行存款日记账

（三栏式）

2012年		记账凭证	摘要	结算凭证		对方科目	收入	付出	结余
月	日			种类	号数				
5	1		承前页						100 000
	1	银付1	提现金	现金支票	0356	现金		1 000	99 000
	1	现付1	销售收入	转账支票	2475	主营业务收入	23 400		122 400
	1	现收1	付材料款	转账支票	0857	物资采购		7 020	115 380
			略						
			过次页						

登记结算凭证的种类和号码

登记方法与现金日记账相同

图3－21　银行存款日记账

分类账簿也称分类账，是对全部经济业务按照总分类账户和明细分类账户进行分类登记的账簿。如图 3 – 22 所示。

登记记账凭证日期

总账

（三栏式）

根据记账凭证所列金额填列

简明扼要地说明经济业务内容

会计科目：原材料

2013 年		凭证		摘要	借方	贷方	借或贷	余额
月	日	种类	号数					
5	1			承前页			借	50 000
	1	转	0857	原材料入库	25 000		借	75 000
	1		02	发出原材料		10 000		65 000
				略				
5	31			本月合计	70 000	60 000	借	60 000

根据余额性质填列

计算填列

登记记账凭证的种类和号码

图 3 – 22　总账

三、记错账怎么办

在记账过程中也不可避免地会发生各种各样的错误，在找出错账时，为了防止非法改账，应按规定的方法进行更正。更正错账的方法主要有划线更正法、红字更正法和蓝字补记法这三种。

1. 划线更正法

划线更正法主要适用于记账凭证正确，只是登记账簿发生错误的错账。具体操作方法是：将错误的文字或数字用一条红色横线予以注销，但必须使原有文字或数字清晰可认，以备查阅；然后，在划线文字或数字的上方用蓝字或黑字将正确的文字或数字填写在同一行的上方位置，并由更正人员在更正处签章，以明确责任。

注意

采用划线更正法更正错账时，对于文字差错，只划去错误的文字，并相应地予以更正，而不必将全部文字划去；对于数字差错，应将错误的数额全部划去，而不能只划去错误数额中的个别数字。例如，将1 354误记为1 345，应在1 345上划一条红线，而不能只划其中的45，然后在1 345的上方填写正确的数字1 354。

2. 红字更正法

红字更正法是用红字冲销原有记录后再予以更正的方法，主要适用于以下两种情况。

（1）记账凭证中的会计科目或记账方向有错误，而账簿记录与记账凭证相吻合。其更正的方法是：首先用红字金额填制一张与原错误记账凭证内容完全一致的记账凭证，并据以用红字登记入账，以冲销原错误记录；然后，再用蓝字填制一张正确的记账凭证，并据以用蓝字登记入账。

（2）记账凭证中的会计科目和记账方向都正确，但是所记金额大于应记金额并据以登记账簿。其更正的方法是：将多记的金额用红字填制一张与原错误记账凭证的会计科目、记账方向相同的记账凭证，并据以用红字登记入账，以冲销多记金额，求得正确的金额。

3. 蓝字补记法

蓝字补记法又称补充登记法，记账以后，如果发现记账凭证中应借、应贷的会计科目与记账方向都没有错误，记账凭证和账簿记录的金额相吻合，只是所记金额小于应记的正确金额，应采用补充登记法。更正的方法为：将少记的金额用蓝字或黑字填一张与原错误记账凭证所记的借贷方向一致的记账凭证，在摘要栏注明“补记×月×日第×号凭证的借账”，并据以登记入账，以补记少记金额。

小案例

某企业发生如下错账：

错账一：购进设备一台 8 000 元，开出转账支票支付。误填制如下记账凭证，并已登记入账。

借：固定资产　　8 000

　　贷：应付票据　　8 000

错账二：收回应收账款 5 283 元，存入银行，误填制如下凭证，并已登记入账。

借：银行存款　　5 823

　　贷：应收账款　　5 823

对于错账一和错账二，发现错误时，采用红字更正法更正，更正方法如下所示。

错账一：

① 编制更正分录。

借：固定资产　　8 000

　　贷：应付票据　　8 000

借：原材料　　8 000

　　贷：银行存款　　8 000

② 将以上更正分录过账。

银行存款	应付票据		固定资产
	8 000	错账	8 000
	8 000	冲销 ①	8 000
8 000	②		8 000

错账二：

① 编制更正分录。

借：银行存款　　540

　　贷：应收账款　　540

② 将以上分录过账。

应收账款		银行存款
5 823	错账	5 823
540	冲销	540

第四章

企业资产的核算

对会计的基础知识有了一定的了解后，接下来所要学习的就是如何进行资产的核算。本章将前几章分散的知识串联起来，用实际案例具体地说明会计处理的流程和方法。

在这一章，你将会知道

◇ 企业资产如何核算。

◇ 应收款项如何核算。

◇ 存货如何核算。

◇ 固定资产如何核算。

◇ 无形资产如何核算。

企业资金的核算

没有房子、车子你也许仍然能活得挺自在；但是没有现金、存款，生活就会很艰难。企业也如此，资金是企业运转的根本，说白了，就是企业要有足够的现金来运转下去。所以，获取货币资金，是企业生产经营的目的。货币资金是企业最优质的资产，同时也是最需要加强管理的资产。

一、库存现金的核算

库存现金是指通常存放于企业财会部门、由出纳人员经管的货币。库存现金是企业流动性最强的资产，企业应当严格遵守国家有关现金管理制度，正确进行现金收支的核算，监督现金使用的合法性与合理性。

根据国务院发布的《中华人民共和国现金管理暂行条例》，企业可用现金支付的款项的范围有：

(1)职工工资、津贴；

(2)个人劳务报酬；

(3)根据国家规定颁发给个人的科学技术、文化艺术、体育等各种奖金；

(4)各种劳保、福利费用以及国家规定的对个人的其他支出；

(5)向个人收购农副产品和其他物资的款项；

(6)出差人员必需随身携带的差旅费；

(7)结算起点以下的零星支出；

(8)中国人民银行确定需要支付现金的其他支出。

除上述情况可以用现金支付外，其他款项的支付应通过银行转账结算。

企业应当设置现金总账和现金日记账，分别进行企业库存现金的总分类核算和明细分类核算。

为了总括地反映企业库存现金的收入、支出和结存情况，企业应当设置“库存现金”科目，借方登记现金的增加，贷方登记现金的减少，期末余额在借方，反映企业实际持有的库存现金的金额。企业内部各部门周转使用的备用金，可以单独设置“备用金”科目进行核算。

现金日记账由出纳人员根据收付款凭证，按照业务发生顺序逐笔登记。每日终了，应当在现金日记账上计算出当日的现金收入合计额、现金支出合计额和结余额，并将现金日记账的账面结余额与实际库存现金额相核对，保证账款相符；月度终了，现金日记账的余额应当与现金总账的余额核对，做到账账相符。

1. 库存现金收支业务的核算

(1)当库存现金增加时。

借：库存现金

　　贷：相关科目

(2)当库存现金减少时。

借：相关科目

　　贷：库存现金

2. 库存现金清查业务的核算

如果账款不符，发现的有待查明原因的现金短缺或溢余，应先通过“待处理财产损溢”科目核算。按管理权限报经批准后，分别以下情况处理：

(1)如为现金短缺，属于应由责任人赔偿或保险公司赔偿的部分，计入其他应收款；属于无法查明的其他原因，计入管理费用。

(2)如为现金溢余，属于应支付给有关人员或单位的，计入其他应付款；属于无法查明原因的，计入营业外收入。

3. 备用金的会计核算

为了业务办理的方便，除过财务部门保存一定的现金之外，其他部门、一些业务人员也需要持有一定量的现金，这就是备用金。

备用金是指企业预付给职工和内部有关单位用做差旅费、零星采购和日常零星开支事后需要报销的款项。为了防止浪费和挪用公款，必须建立备用金的预借、使用和报销制度，并严格加以执行。如果企业备用金业务很少，也可不设立“备用金”科目，通过“其他应收款——备用金”科目进行核算，账务处理方法与上面一致。

(1)备用金的形式。

备用金按备用形式，可分为定额备用金和非定额备用金两种。定额备用金是为了满足企业有关部门日常零星开支需要的备用金，一经核定不得随意增减。领用定额备用金的部门，应设置“备用金登记簿”，逐笔序时登记备用金提取和支出情况，并按时将款项支出的单据送交财会部门报销后，财会部门再给予补足定额。其特点是：一次领用、定期报销、简化核算、补足定额。

非定额备用金管理是指用款单位根据实际需要向财会部门借款，凭各种支付凭证向财会部门报销时，作为冲减备用金处理，如需再用，重新办理借款手续。这种方法适用于预借差旅费等备用金的管理。

(2)备用金的账务处理。

① 拨付备用金的核算。单独设置“备用金”科目的企业，由企业财务部门单独拨给企业内部各单位周转使用的备用金。会计分录如下：

借：备用金

　　贷：库存现金(或银行存款)

② 拨付备用金的核算。自备用金中支付零星支出，应根据有关的支出凭单，定期编制备用金报销清单，财务部门根据内部各单位提供的备用金报销清单，定期补足备用金。会计分录如下：

借：管理费用等

　　贷：其他应收款——备用金(或银行存款)

除了增加或减少拨入的备用金外，使用或报销有关备用金支出时不再通过“备用金”科目核算。

二、银行存款的核算

银行存款是指企业存入银行或其他金融机构的各种款项。企业应当根据业务需要，按照规定在其所在地银行开设账户，运用所开设的账户，进行存款、取款以及各种收支转账业务的结算。银行存款的收付应严格执行银行结算制度的规定。

为了总括反映银行存款的收支和结存情况，企业应设置“银行存款”总账科目。该科目属于资产类科目，借方登记银行存款的增加数，贷方登记银行存款的减少数，借方余额表示企业银行存款的结余数额。有外币业务的企业，应在“银行存款”科目下分别人民币和各种外币设置“银行存款日记账”进行明细核算。

企业应当设置银行存款总账和银行存款日记账，分别进行银行存款的总分类核算和明细分类核算。企业可按开户银行和其他金融机构、存款种类等设置“银行存款日记账”的明细账户，根据收付款凭证，按照业务的发生顺序逐笔登记。每日终了，应结出余额。主要账务处理如图4－1所示。

银行存款

- 企业增加银行存款：
  借：银行存款
  　　贷：库存现金、应收账款等
- 企业减少银行存款：
  借：库存现金、应收账款等
  　　贷：银行存款
- 对于存在银行或其他金融机构的款项已经部分不能收回或者全部不能收回的，应当查明原因进行处理，有确凿证据表明无法收回的款项，应当根据企业管理权限经报批准后
  借：营业外支出
  　　贷：银行存款

期末借方余额，反应企业存在银行或其他金融机构的各种款项

图4－1　银行存款的账务处理

三、其他货币的核算

其他货币资金是指除现金、银行存款以外的各种货币资金，大体包括六种资金形式，其内容及账务处理程序如图 4－2 所示。

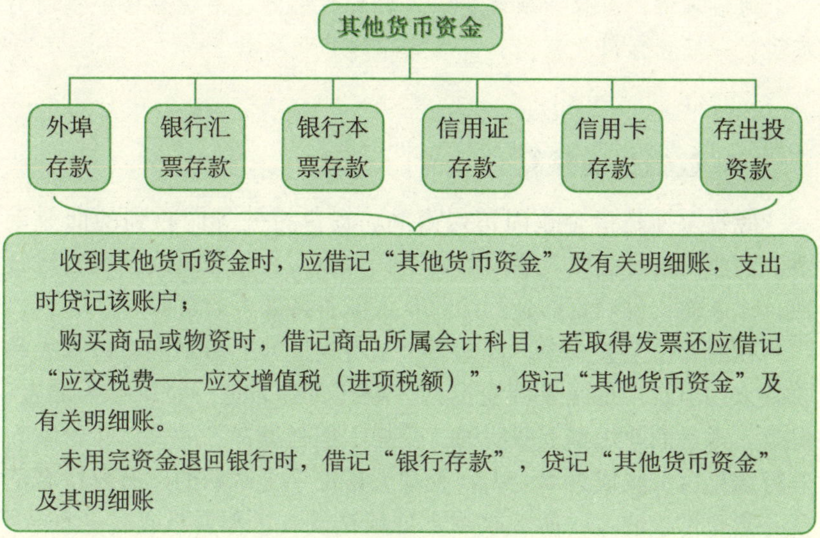

图 4－2　其他货币资金的核算

应收款项的核算

通俗来讲，应收款项就是别人欠着我们的、早晚要还给我们的东西，一般包括应收票据、应收账款和预付账款。

一、应收票据的核算

应收票据是指企业因销售商品、提供劳务等而收到的商业汇票。商业汇票是出票人签发的，委托付款人在见票时或者在指定日期，无条件支付确定的金额给收款人或者持票人的票据。

在商业汇票关系中，包括三个基本当事人：出票人、付款人和收款人。出票人是签发商业汇票、委托付款人进行付款行为的人；付款人则是商业汇票上载明的、受托承担付款义务的人，在付款人进行承兑后，则成为承兑人；收款人是汇票上载明的、有权持有汇票并接受付款的人，而从收款人处依法受让汇票并取得付款的人，则为持票人。在通常情况下，汇票上所载收款人也就是第一持票人。

商业汇票按承兑人的不同，分为商业承兑汇票和银行承兑汇票：前者指由收款人签发、经付款人承兑，或由付款人签发并承兑的票据；后者指由收款人或承兑申请人签发，并由承兑申请人向开户银行申请，经银行审查同意承兑的票据。

为了反映和监督应收票据取得、票款收回等经济业务，企业应当设置“应收票据”科目，借方登记取得的应收票据的面值，贷方登记到期收回票款或到期前向银行贴现的应收票据的票面余额，期末余额在借方，反映企业持有的商业汇票的票面金额。

本科目可按照开出、承兑商业汇票的单位进行明细核算，并设置“应收票据备查簿”，逐笔登记商业汇票的种类、号数和出票日，票面金额、交易合同号和付款人、承兑人、背书人的姓名或单位名称，到期日、背书转让日、贴现日、贴现率和贴现净额以及收款日和收回金额、退票情况等资料。商业汇票到期结清票款或退票后，在备查簿中应予注销。

1. 取得应收票据的会计核算

根据应收票据取得的原因不同，其会计处理也是有所区别的。企业因销售商品、提供劳务等而收到开出、承兑的商业汇票，按商业汇票的票面金额，借记本科目；按确认的营业收入，贷记“主营业务收入”等科目。涉及增值税销项税额的，还应进行相应的处理。

2. 转让应收票据

在会计实务中，企业可以将自己持有的商业汇票背书转让。背书是指在票据背面或者粘单上记载有关事项并签章的票据行为。背书转让的，背书人应当承担票据责任。企业将持有的商业汇票背书转让以取得所需物资时，按应计入取得物资成本的金额，借记“材料采购”或“原材料”、“库存商品”等科目；按专用发票上注明的可抵扣的增值税额，借记“应交税费——应交增值税（进项税额）”科目；按商业汇票的票面金额，贷记“应收票据”科目；如有差额，借记或贷记“银行存款”等科目。

3. 应收票据贴现的核算

票据贴现是指企业以未到期票据向银行融通资金，银行按票据的应收金额扣除一定期间的利息后的余额付给企业的融资行为。在我国，商业汇票的持票人向银行办理贴现必须具备下列条件，即：在银行开立存款账户的企业法人以及其他组织；与出票人或者直接前手之间具有真实的商品交易关系；提供与其前手之间的增值税发票和商品发运单据复印件。

（1）应收票据贴现额的计算。

贴现息＝票据到期值×贴现率×贴现期

贴现额＝票据到期值－贴现息

公式中，贴现利率由银行统一制定。贴现期按银行规定计算，通常是指从贴现日至票据到期日前1日的时期。

票据有带息与不带息之分，其到期值的计算及账务处理也有所不同。不带息票据到期值即票据面值，而带息票据到期值等于票据面值与票据利息之和，其中票据到期利息应按下列公式计算：

票据到期利息＝应收票据面值×票面利率×时间

以上公式中，票面利率有年、月、日利率之分。如需换算成月利率或日利率，每月统一按30天计算，全年按360天计算。三者之间的关系是：

月利率＝年利率÷12

日利率＝月利率÷30或年利率÷360

(2)应收票据贴现的账务处理。

企业持未到期的商业汇票向银行贴现，应按实际收到的金额(即减去贴现息后的净额)，借记"银行存款"等科目；按贴现息部分，借记"财务费用"等科目；按商业汇票的票面金额，贷记本科目或"短期借款"科目。

4. 收回到期应收票据的会计核算

商业汇票到期之后，应及时要求对方付款，应按实际收到的金额，借记"银行存款"科目；按商业汇票的票面金额，贷记本科目。

二、应收账款的核算

应收账款是指企业因销售商品、提供劳务等经营活动，应向购货单位或接受劳务单位收取的款项，主要包括企业销售商品或提供劳务等应向有关债务人收取的价款及代购货单位垫付的包装费、运杂费等。依据应收账款的概念，应收账款具有以下特征：

(1)应收账款是企业因销售商品、产品、提供劳务等经营活动所形成的债权。

(2)应收账款是指流动资产性质的债权。

(3)应收账款是企业应收客户的款项，包括代垫的运杂费。不包括企业付出的各类存出保证金，如投标保证金和租入包装物保证金。

为了反映应收账款的增减变动及其结存情况，企业应设置“应收账款”科目，不单独设置“预收账款”科目的企业，预收的账款也在“应收账款”科目核算。“应收账款”科目的借方登记应收账款的增加，贷方登记应收账款的收回及确认的坏账损失。特别需要说明的是，企业代购货单位垫付包装费、运杂费也应计入应收账款，通过“应收账款”科目核算。

期末“应收账款”科目的余额一般在借方，反映企业当时尚未收回的应收账款；如果期末余额在贷方，则反映企业预收的账款。

小案例

A公司向某服装商店销售一批服装，价值总计58 000元，适用的增值税税率为17%，代购货单位垫付杂费2 000元，已办妥银行收款手续。

借：应收账款	69 860	
贷：主营业务收入		58 000
应交税费——应交增值税（销项税额）		9 860
银行存款		2 000

收到货款时：

借：银行存款	69 860	
贷：应收账款		69 860

企业发生的应收账款，在有商业折扣的情况下，应按扣除商业折扣后的余额入账。

A公司销售一批产品，按价目表标明的价格计算，金额为20 000元，由于是成批销售，销货方给购货方10%的商业折扣，金额为2 000元，销货方应收账款的入账金额为18 000元，适用增值税税率为17%。销售额和折扣额在同一专用发票上注明。

借：应收账款　　21 060

　贷：主营业务收入　　18 000

　　应交税费——应交增值税(销项税额)　　3 060

收到货款时：

借：银行存款　　21 060

　贷：应收账款　　21 060

三、预付账款的核算

预付账款是指企业按照合同规定预付的款项。企业应当设置“预付账款”科目，核算预付账款的增减变动及其结存情况。预付款项情况不多的企业，可以不设置“预付账款”科目，而直接通过“应付账款”科目核算。本科目期末借方余额，反映企业预付的款项；期末如为贷方余额，反映企业尚未补付的款项。

企业根据购货合同的规定向供应单位预付款项时，借记“预付账款”科目，贷记“银行存款”科目。企业收到所购物资，按应计入购入物资成本的金额，借记“材料采购”或“原材料”、“库存商品”、“应交税费——应交增值税(进项税额)”等科目，贷记“预付账款”科目；当预付货款小于采购货物所需支付的款项时，应将不足部分补付，借记“预付账款”科目，贷记“银行存款”科目；当预付货款大于采购货物所需支付的款项时，对收回的多余款项应借记“银行存款”科目，贷记“预付账款”科目。

小案例

A公司向B公司采购纺织用原材料一批，货款总额为100 000元。按照合同约定，该公司需要向A公司预付货款的50%，待收到货物并验收后支付其余的货款。对于以上的业务，A公司应作如下会计处理。

① 预付50%的货款时。

借：预付账款——A公司　　50 000

　　贷：银行存款　　50 000

② 收到A公司发来的纺织材料之后，验收无误，增值税专用发票记载的货款为100 000元，增值税税额为17 000元。A公司以银行存款补付所欠款项67 000元。

借：预付账款——A公司　　67 000

　　贷：银行存款　　67 000

借：原材料　　100 000

　　应交税费——应交增值税(进项税额)　　17 000

　　贷：预付账款——A公司　　117 000

说明：首先对补付的其余货款进行处理，然后对货物入库的业务进行账务处理，如果是预付账款大于货款总额，则应该在收回多余的预付款时，借记“银行存款”科目，贷记“预付货款”科目。

假设，由于其他原因，A公司只能提供40 000元的纺织用原材料，退回了多付的货款3 200元，则应进行以下的账务处理：

借：银行存款　　3 200

　　贷：预付账款——A公司　　3 200

借：原材料　　40 000

　　应交税费——应交增值税(进项税额)　　6 800

　　贷：预付账款——A公司　　46 800

四、其他应收款的核算

其他应收款是指企业除应收票据、应收账款、预付账款等以外的其他各种应收及暂付款项。其主要内容包括：

(1)应收的各种赔款、罚款。

(2)应收出租包装物的租金。

(3)应向职工收取的各种垫付款项。

(4)备用金(向企业各职能部门、车间等拨出的备用金)。

(5)存出的保证金，如租入包装物支付的押金。

(6)预付账款转入。

(7)其他各种应收、暂付款项。

“其他应收款”科目核算企业除存出保证金、买入返售金融资产、应收票据、应收账款、预付账款、应收股利、应收利息、代收代位追偿款等以外其他各种应收及暂付款项。企业可按对方单位(或个人)进行明细核算。主要账务处理如图4－3所示。

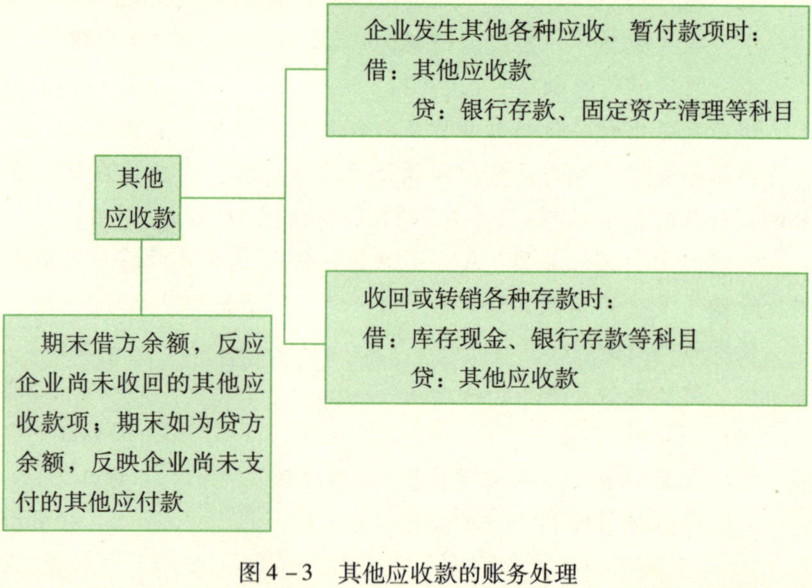

图4－3　其他应收款的账务处理

存货的核算

按照《企业会计准则——存货》的规定，存货是指企业在日常活动中持有的以备出售的产成品或商品，处在生产过程中的在产品，在生产过程或提供劳务过程中耗用的材料、物料等。“巧妇难为无米之炊”，企业要想生产出好产品必须有原材料，生产出的产品在售卖出去之前为库存商品，这些都是存货。

一、原材料相关业务的核算

1. 取得原材料时的会计核算

存货日常核算可以按实际成本核算，也可以按计划成本核算。存货按实际成本核算的特点是从存货收发凭证到明细分类账和总分类账全部按实际成本计价。实际成本法一般适用于规模较小、存货品种简单、采购业务不多的企业。

我们先介绍在实际成本法下原材料相关业务的会计核算，下一部分再介绍计划成本法的会计核算方法。

在实际成本法下，取得原材料通过“原材料”和“在途物资”科日核算。

企业外购材料时，由于结算方式和采购地点的不同，材料入库和货款的支付在时间上不一定完全同步，相应地，其账务处理也有所不同。

(1)对于发票账单与材料同时到达的采购业务。

企业在支付货款或开出、承兑商业汇票，材料验收入库后，应根据发票账单等结算凭证确定的材料成本，借记“原材料”科目；根据取得的增值税专用发票上注明的(不计入材料采购成本的)税额，借记“应交税费——应交增值税(进项税额)”(一般纳税人，下同)

科目；按照实际支付的款项或应付票据面值，贷记“银行存款”或“应付票据”等科目。

(2)已经付款或已开出、承兑商业汇票，但材料尚未到达或尚未验收入库的采购业务。

应根据发票账单等结算凭证，借记“在途物资”、“应交税费——应交增值税(进项税额)”科目，贷记“银行存款”或“应付票据”等科目；待材料到达、验收入库后，再根据收料单，借记“原材料”科目，贷记“在途物资”科目。

(3)材料已到达并已验收入库，但发票账单等结算凭证未到，货款尚未支付的采购业务。

应于月末，按材料的暂估价值，借记“原材料”科目，贷记“应付账款——暂估应付账款”科目。下月初用红字作同样的记账凭证予以冲回，以便下月付款或开出、承兑商业汇票后，按正常程序，借记“原材料”、“应交税费——应交增值税(进项税额)”科目，贷记“银行存款”或“应付票据”等科目。

(4)采用预付货款的方式采购材料。

应在预付材料价款时，按照实际预付金额，借记“预付账款”科目，贷记“银行存款”科目；已经预付货款的材料验收入库，根据发票账单等所列的价款、税额等，借记“原材料”科目和“应交税费——应交增值税(进项税额)”科目，贷记“预付账款”科目；预付款项不足，补付上项货款，按补付金额，借记“预付账款”科目，贷记“银行存款”科目；退回上项多付的款项，借记“银行存款”科目，贷记“预付账款”科目。

2. 存货发出的业务核算

(1)领用原材料的核算。

企业生产经营领用原材料，按实际成本，借记“生产成本”、“制造费用”、“营业费用”、“管理费用”等科目，贷记“原材料”科目；企业发出委托外单位加工的原材料，借记“委托加工物资”科目，贷记“原材料”科目。

基建工程、福利等部门领用的原材料，按实际成本加上不予抵扣的增值税税额等，借记“在建工程”、“应付职工薪酬”等科目；按实际成本，贷记“原材料”科目；按不予抵扣的增值税税额，贷记“应交税费——应交增值税(进项税额转出)”科目。

(2)领用和出售原材料的核算。

对于出售的原材料，企业应当按已收或应收的价款，借记“银行存款”或“应收账款”等科目；按实现的营业收入，贷记“其他业务收入”等科目；按应交的增值税税额，贷记“应交税费——应交增值税(销项税额)”科目。月度终了，按出售原材料的实际成本，借记“其他业务支出”科目，贷记“原材料”科目。

3. 在计划成本法下，原材料相关业务的核算

(1)计划成本法概述。

计划成本法是指企业存货的收入、发出和结余均按预先制订的计划成本计价，同时另设“材料成本差异”(或产品成本差异，下同)科目，登记实际成本与计划成本的差额。存货按计划成本核算，要求存货的总分类核算和明细分类核算均按计划成本计价。一般适用于存货品种繁多、收发频繁的企业。如大中型企业中的各种原材料、低值易耗品等。如果企业的自制半成品、产成品品种繁多，或者在管理上需要分别核算其计划成本和成本差异的，也可采用计划成本法核算。

(2)计划成本法的核算程序。

采用计划成本法的前提是制订每一品种规格存货的计划成本，存货计划成本的组成内容应与其实际成本的构成一致，包括买价、运杂费和有关税金等。存货的计划成本一般由企业采购部门会同财会等有关部门共同制订，制订的计划成本应尽可能接近实际。采用计划成本进行日常核算的企业，其基本的核算程序是：

① 企业应先制订各种存货的计划成本目录，规定存货的分类，各种存货的名称、规格、编号、计量单位和计划单位成本。除一些特殊情况外，每种材料的单位计划成本在年度内一般不作调整。

② 平时收到存货时，应按计划单位成本计算出收入存货的计划成本填入收料单内，并按实际成本与计划成本的差额，作为“材料成本差异”分类登记。

③ 平时领用、发出的存货，都按计划成本计算，月份终了再将本月发出存货应负担的成本差异进行分摊，随同本月发出存货的计划成本记入有关账户，将发出存货的计划成本调整为实际成本。发出存货应负担的成本差异，必须按月分摊，不得在季末或年末一次分摊。

(3)计划成本法下取得存货的核算。

在计划成本法下，取得的原材料先要通过“物资采购”科目进行核算，其实际成本与计划成本的差异，通过“材料成本差异”科目进行核算。

小案例

A公司经税务部门核定为一般纳税人，2013年4月2日，购入材料一批，取得的增值税专用发票上注明的价款为8 000元，增值税税额为1 360元，发票等结算凭证已经收到，货款已通过银行转账支付，材料已验收入库。该批材料的计划成本为7 000元。有关会计处理如下。

借：物资采购	8 000	
应交税费——应交增值税(进项税额)	1 360	
贷：银行存款		9 360
借：原材料	7 000	
材料成本差异	1 000	
贷：物资采购		8 000

(4)计划成本下发出存货的核算。

发出存货按计划成本计价时，其实际成本应根据有关物资明细分类账和材料成本差异明细分类账的记录，计算出材料成本差异率后确定。

小案例

A 公司采用计划成本法对原材料进行核算，2013 年 5 月份发出原材料的计划成本如下：生产部门 45 000 元，管理部门 6 800 元，销售部门 1 000 元，合计 52 800 元。

该公司 5 月初原材料账户余额为 20 000 元，本月收入材料计划成本为 40 000 元。月初材料成本差异账户为贷方余额 2 400 元，本月入库材料成本差异为贷方余额 600 元。请对本月的原材料发出业务进行会计处理。

① 在发出以上的原材料时，首先按照发出原材料的计划成本进行有关成本费用的会计处理。

借：生产成本　　45 000
　　管理费用　　6 800
　　销售费用　　1 000
　　贷：原材料　　52 800

② 本月月底时，计算此种原材料的材料成本差异率，对与此种原材料有关的成本费用科目进行调整。

材料成本差异率 =（月初结存材料的成本差异 + 本月收入材料的成本差异）÷（月初结存材料的计划成本 + 本月收入材料的计划成本）×100%

则：

5 月份材料成本差异率 =（−2 400 − 600）/（20 000 + 40 000）× 100% = −5%。

本月发出材料成本差异 = 本月发出材料计划成本 × 材料成本差异率

因此：

5月份发出原材料总的成本差异 = 52 800 ×（-5%）= -2 640（元）。

本月发出材料实际成本依次为：

生产车间的实际成本 = 45 000 ×（-5%）= -2 250（元）。

管理部门的实际成本 = 6 800 ×（-5%）= -340（元）。

销售部门的实际成本 = 1 000 ×（-5%）= -50（元）。

根据计算结果，编制会计分录如下：

借：生产成本	2 250	
管理费用	340	
产品销售费用	50	
贷：材料成本差异		2 640

二、其他存货资产的核算

1. 包装物的核算

企业发出包装物的核算，应按发出包装物的不同用途分别进行处理。

（1）领用包装物。

企业生产部门领用的用于包装产品的包装物，构成了产品的组成部分，因此应将包装物的成本计入产品生产成本。生产领用包装物，借记“生产成本”等科目，贷记“包装物”科目。

（2）出售的包装物。

随同商品出售但不单独计价的包装物，应于包装物发出时，按其实际成本计入营业费用中，借记“营业费用”科目，贷记“包装物”科目。

随同商品出售单独计价的包装物，在随同商品出售时要单独计价，其销售收入也应单独反映其销售成本。因此，应于商品出售时，按销售处理，借记“其他业务支出”科目，贷记“包装物”科目。

(3)出租、出借包装物。

企业多余或闲置未用的包装物可以出租、出借给外单位使用。出租、出借包装物，在第一次领用新包装物时，按出租、出借包装物的实际成本，借记“其他业务支出——出租包装物”或“营业费用——出借包装物”科目，贷记“包装物”科目。出租、出借包装物金额较大的可通过“待摊费用”等科目核算。收到出租包装物的租金，借记“现金”、“银行存款”等科目，贷记“其他业务收入”等科目。

收到出租、出借包装物的押金，借记“现金”、“银行存款”等科目，贷记“其他应付款”科目，退回押金时编制相反会计分录。对于逾期未退的包装物，按没收的押金，借记“其他应付款”科目；按应交的增值税，贷记“应交税费——应交增值税(销项税额)”科目；按其差额，贷记“其他业务收入”科目。这部分没收的押金收入应交的消费税等税费，计入其他业务支出，借记“其他业务支出”科目，贷记“应交税费——应交消费税”等科目。

出租、出借的包装物不能使用而报废时，按其残料价值，借记“原材料”等科目，贷记“其他业务支出——出租包装物”、“营业费用——出借包装物”等科目。

2. 低值易耗品的核算

(1)低值易耗品的摊销方法。

常用的低值易耗品的摊销方法有以下的三种：

① 一次摊销法。这种方法是指在领用低值易耗品时，将其成本一次全部摊入成本或费用。它适用于一次领用数量不多、价值较低或易损坏的包装物或低值易耗品。采用这种方法比较简单，但费用负担不够均衡，且会出现账外财产。

② 分次摊销法。这种方法是指从领用开始起，根据低值易耗品的成本和预计使用期限，将其成本分次计入成本或费用中去。它适用于价值较高、一次领用数量较多或使用期限较长的低值易耗品。这种方法有利于成本或费用的合理负担，但核算工作量较大。

这里的分次摊销法包括五五摊销法、分期平均摊销法、降等摊销法。五五摊销法是指在领用低值易耗品时，摊销其成本的50%，在报废时摊销另外的50%，适用于各期领用与报废数额比较均衡的低值易耗品。分期平均摊销法需要确定摊销期限，降等摊销法要求确定低值易耗品等级及各等级单位价值标准。

资产的摊销过程是资产转化为费用的过程。低值易耗品虽然占资产总额的比例不一定很大，但它们是企业生产经营过程中不可缺少的资产。采用不同的摊销方法会出现不同的摊销费用，因而对本期的资产状况、利润水平都会带来一定影响。存货减少会产生如下结果：摊销金额大，管理费用增加。存货增加会产生如下结果：摊销金额小，管理费用减少。

(2)低值易耗品的核算。

一次转销的低值易耗品，在领用时将其全部价值转入有关的成本费用，借记有关科目，贷记“低值易耗品”科目。报废时，将报废低值易耗品的残料价值作为当月低值易耗品摊销额的减少，冲减有关成本费用，借记“原材料”等科目，贷记“制造费用”、“管理费用”等科目。

分次摊销的低值易耗品，领用时，借记“待摊费用”等科目，贷记“低值易耗品”科目。分次摊入有关成本费用时，借记“制造费用”、“管理费用”等科目，贷记“待摊费用”等科目。

报废时，将报废低值易耗品的残料价值作为当月低值易耗品摊销额的减少，冲减有关成本费用。

如果低值易耗品已经发生毁损、遗失等，不能再继续使用的，应将其账面价值全部转入当期成本、费用。

三、存货清查的会计核算

1. 存货的盘存方法

企业存货的数量需要通过盘存来确定，常用的存货数量盘存方法主要有实地盘存制和永续盘存制两种。

(1)实地盘存制。

实地盘存制也称定期盘存制，指会计期末通过对全部存货进行实地盘点，以确定期末存货的结存数量，然后分别乘以各项存货的盘存单价，计算出期末存货的总金额，记入各有关存货科目，倒轧本期已耗用或已销售存货的成本。采用这种方法，平时对有关存货科目只记借方、不记贷方。每一期末，通过实地盘点确定存货数量，据以计算期末存货成本，然后计算出当期耗用或销货成本，记入有关存货科目的贷方。这一方法用于工业企业，称为"以存计耗"或"盘存计耗"；用于商品流通企业，称为"以存计销"或"盘存计销"。

"以存计耗"和"以存计销"以下列存货的基本等式为依据：

期初存货 + 本期购货 = 本期耗用或销货 + 期末存货

用历史成本计价，则上述公式可以改写为：

本期耗用或销货成本 = 期除存货成本 + 本期购货成本 − 期末存货成本

期初存货成本和本期购货成本这两项数字都不难从账上取得，待通过实地盘存，确定期末存货成本，则本期销货成本即可用上述公式进行计算。

(2)永续盘存制。

永续盘存制也称账面盘存制，指对存货项目设置经常性的库存记录，即分别品名、规格设置存货明细账，逐笔或逐日地登记收入发出的存货，并随时记列结存数。通过会计账簿资料，就可以完整地反映存货的收入、发出和结存情况。在没有发生丢失和被盗的情况下，存货账户的余额应当与实际库存相符。采用永续盘存制，并不排除对存货的实物盘点，为了核对存货账面记录，加强对存货的管理，每年至少应对存货进行一次全面盘点，具体盘点次数视企业内部控制要求而定。

2. 存货盘盈、盘亏的会计核算

企业在进行存货的日常收发及保管过程中，因种种原因可能造成存货实际结存数量与账面结存数量不符，有时会因非常事项而造成存货毁损。为了确保账实相符，企业应定期或不定期进行存货盘点。发生存货盘盈（实际结存数量大于账面结存数量）、盘亏（实际结存数量小于账面结存数量）及毁损（非常性事项造成的存货损失）时，应及时查明原因，并进行账务处理，以保证账实一致。

(1) 存货盘盈的处理方法。

发生存货盘盈时，应按规定的程序报经有关部门批准后才能作出处理：在批准处理以前，一般先根据盘盈的存货，按同类或类似存货的市场价格计价入账调整存货账面记录，以使账实一致，即借记"原材料"、"库存商品"等存货项目，贷记"待处理财产损溢——待处理流动资产损溢"科目。

盘盈的存货查明原因后，应按不同的原因及处理决定分别入账，借记"待处理财产损溢——待处理流动资产损溢"科目，贷记有关科目。其中，对于无法确定具体原因的，一般应冲减企业的管理费用，借记"待处理财产损溢——待处理流动资产损溢"科目，贷记"管理费用"科目。

小案例

A公司进行财产清查，根据发生的有关存货盘盈的经济业务编制会计分录如下。

① 盘点原材料，发现甲材料长余，按市场价格计算其成本为1 000元，盘盈原因待查。

借：原材料　　1 000

　　贷：待处理财产损溢——待处理流动资产损溢　　1 000

② 查明原因，盘盈的原材料系收发时的计量误差所致，经批准，冲销企业的管理费用。

借：待处理财产损溢——待处理流动资产损溢　　1 000

　　贷：管理费用　　1 000

(2)存货盘亏和毁损。

发生存货盘亏和毁损，在批准处理以前，应先通过“待处理财产损溢——待处理流动资产损溢”科目进行核算。盘亏和毁损时，一般按盘亏和毁损存货的实际成本(大多按盘亏、毁损的数量和该存货的期初结存单价计算确定)冲减存货的账面记录，借记“待处理财产损溢——待处理流动资产损溢”科目，贷记有关的存货科目。

需要指出的是，根据《中华人民共和国增值税暂行条例》的规定，企业发生的非正常损失的购进货物以及非正常损失的在产品、产成品所耗用的购进货物或应税劳务的进项税不得从销项税中抵扣。因此，非正常损失的存货价值应包括其实际成本和应负担的进项税两部分，发生非正常毁损(如自然灾害、被盗窃及管理不善造成大量霉烂变质等)时，应按非正常损失的价值借记“待处理财产损溢——待处理流动资产损溢”科目，按非正常损失存货的实际成本贷记有关存货科目，按非正常损失存货应负担的进项税贷记“应交税费——应交增值税(进项税额转出)”科目。

查明盘亏和毁损的原因后，应按不同的原因及处理决定分别入账，借记有关科目，贷记“待处理财产损溢——待处理流动资产损溢”科目。其中，属于定额内合理盘亏的，应作为管理费用列支；属于一般经营性损失的，扣除残料价值以及可以收回的保险赔偿和过失人赔偿剩余净损失，经批准也可以作为管理费用列支；属于自然灾害损失，管理不善造成货物被盗、发生霉烂变质等损失以及其他非正常损失的，扣除可以收回的保险赔偿及残料价值后的净损失，作为企业的营业外支出进行处理。

四、存货减值

1. 存货跌价准备的计提和转回

资产负债表日，存货应当按照成本与可变现净值孰低计量。其中，成本是指期末存货的实际成本，如企业在存货成本的日常核算中采用计划成本法、售价金额核算法等简化核算方法，则成本为经调整后的实际成本。可变现净值是指在日常活动中，存货的估计售价减去至完工时估计将要发生的成本、估计的销售费用以及相关税费后的金额。可变现净值的特征表现为存货的预计未来净现金流量，而不是存货的售价或合同价。

存货成本高于其可变现净值的，应当计提存货跌价准备，计入当期损益。以前减记存货价值的影响因素已经消失的，减记的金额应当予以恢复，并在原已计提的存货跌价准备金额内转回，转回的金额计入当期损益。

2. 存货跌价准备的会计处理

企业应当设置“存货跌价准备”科目，核算存货的存货跌价准备，贷方登记计提的存货跌价准备金额，借方登记实际发生的存货跌价损失金额和冲减的存货跌价准备金额，期末余额一般在贷方，反映企业已计提但尚未转销的存货跌价准备。

当存货成本高于其可变现净值时，企业应当按照存货可变现净值低于成本的差额，借记“资产减值损失——计提的存货跌价准备”科目，贷记“存货跌价准备”科目。

转回已计提的存货跌价准备金额时，按恢复增加的金额，借记“存货跌价准备”科目，贷记“资产减值损失——计提的存货跌价准备”科目。

企业结转存货销售成本时，对于已计提存货跌价准备的，借记“存货跌价准备”科目，贷记“主营业务成本”、“其他业务成本”等科目。

固定资产的核算

固定资产一般是指价值较高、使用年限较长(通常超过1年)的，在使用中能保持原有形态的资产。如果把家庭比做企业，那么我们拥有的住房就是固定资产了。

一、取得固定资产的核算

1. 直接购入的固定资产

在这种情况下的账务处理如表4-1所示。

表4-1 取得固定资产的核算

业务	核算
购入不需要安装的新设备	借：固定资产 　　贷：银行存款
购入不需要安装的旧设备	双方协商价大于售出方账面原值： 借：固定资产 　　贷：银行存款
	双方协商价小于售出方账面原值： 借：固定资产 　　贷：银行存款 　　　　累计折旧
购入需要安装的新设备	借：固定资产 　　贷：在建工程

2. 自营建造固定资产

其账务处理较为简单，如下：

借：固定资产

　　贷：在建工程

3. 其他单位投资转入固定资产

账务处理如表 4－2 所示。

表 4－2　其他单位投资转入固定资产的核算

业务	核算
双方协商价大于投出方账面原值	借：固定资产 　贷：实收资本
双方协商价小于投出方账面原值	借：固定资产 　贷：实收资本 　　累计折旧

4. 接受捐赠的固定资产

企业接受捐赠的固定资产有两种计价方法，一是捐赠方提供了有关凭据的，按凭据上的金额加上应支付的相关税费作为入账价值。二是如果捐赠方不能提供有关凭据，则按下面的顺序来确定入账价值：

(1) 同类或类似固定资产存在活跃市场的，可参考同类或类似固定资产的市场价格估价及相关的税费作为入账价值。

(2) 同类或类似固定资产不存在活跃市场的，应按捐赠的固定资产的预计未来现金流量现值作为入账价值。

具体账务处理为借记“固定资产”，贷记“资本公积”。

(3) 租入固定资产

按照租入的方式不同，租入固定资产可分为经营性租赁和融资性租赁，其账务处理如表 4－3 所示。

表 4－3 租入固定资产的核算

业务	核算
经营性租赁	应支付的租金费用： 借：制造费用（或管理费用） 　　贷：银行存款
	对租入固定资产进行改良支出的费用： 借：长期待摊费用 　　贷：银行存款 摊销时： 借：制造费用（或管理费用） 　　贷：长期待摊费用
融资性租赁	融资租赁固定资产时： 借：固定资产 　　未确认融资费用 　　贷：长期应付款——应付融资租赁款
	未确认的融资费用应在租赁期内的各个会计期间分摊： 借：财务费用 　　贷：未确认融资费用

值得注意的是：融资租入的固定资产入账价值，应按原账面价值与最低租赁付款额中较低者作为入账价值，两者之间的差额借记"未确认融资费用"科目。

二、固定资产折旧的核算

固定资产折旧是指固定资产在其使用期内转销为费用的过程。折旧仅用于成本分析，不是对资产进行计价，其本身既不是资金来源，也不是资金的运用。

一般来说，影响固定资产折旧的因素有以下几点：

(1)固定资产计提折旧的基数，一般是以固定资产的账面原价或账面净值为依据；

(2)固定资产的预计净残值，即预计固定资产清理报废的时候，从该项资产中收回的残值扣除预计清理费用后的余额；

(3)固定资产的使用年限，固定资产使用年限的长短直接关系到折旧率的高低，是影响企业折旧额的重要因素。在预计使用年限时，应考虑到固定资产的有形和无形损耗；

(4)固定资产的折旧方法，企业采用的折旧方法不同，折旧额也不同。

固定资产的折旧可以选择年限平均法、工作量法、年数总和法和双倍余额递减法。其中，前两者属于直线折旧法，后两者属于加速折旧法。一般来说，折旧方法一经选定不得随意变更。

各种折旧方法及其计算公式如表4-4所示。

表4-4　各种折旧方法及其计算公式

方法	公式
平均年限法	年折旧率 = $\frac{1-预计净残值率}{预计使用年限}$ × 100% 月折旧率 = 年折旧率 ÷ 12 月折旧额 = 固定资产原始价值 × 月折旧率
工作量法	单位工作量折旧额 = $\frac{固定资产原始价值 \times (1-预计净残值率)}{预计总工作量}$ 某项固定资产月折旧额 = 该项固定资产当月工作总量 × 单位工作量折旧额
双倍余额递减法	年折旧率 = (2 ÷ 预计使用年限) × 100% 月折旧率 = 年折旧率 ÷ 12 月折旧额 = 固定资产账面净值 × 月折旧率
年数总和法	年折旧率 = 尚可使用年限 ÷ 预计使用年限的数字之和 月折旧率 = 年折旧率 ÷ 12 月折旧额 = (固定资产原值 - 预计净残值) × 月折旧率

对固定资产折旧进行账务处理时，企业应设置“累计折旧”科目，然后根据固定资产的用途、使用部门计入不同的成本费用之中。比如，属于生产车间的固定资产计提的折旧费，应借记“制造费用”，贷记“累计折旧”；管理部门的固定资产计提的折旧费，则应借记“管理费用”，贷记“累计折旧”；属于经营租出的固定资产计提折旧费，应借记“其他业务成本”，贷记“累计折旧”。

三、固定资产后续支出的核算

固定资产的后续支出，是指固定资产在使用过程中发生的更新改造支出、修理费用等。

固定资产的更新改造等后续支出，满足固定资产确认条件的，应当计入固定资产成本(资本化)，如有被替换的部分，应同时将被替换部分的账面价值从该固定资产原账面价值中扣除；不满足固定资产的确认条件的，在发生时直接计入当期损益。

固定资产的修理费用等后续支出，不符合固定资产确认条件的，应当根据不同情况分别在发生时计入当期管理费用或销售费用等(费用化)。

资本化支出账务处理的流程如图 4－4 所示。

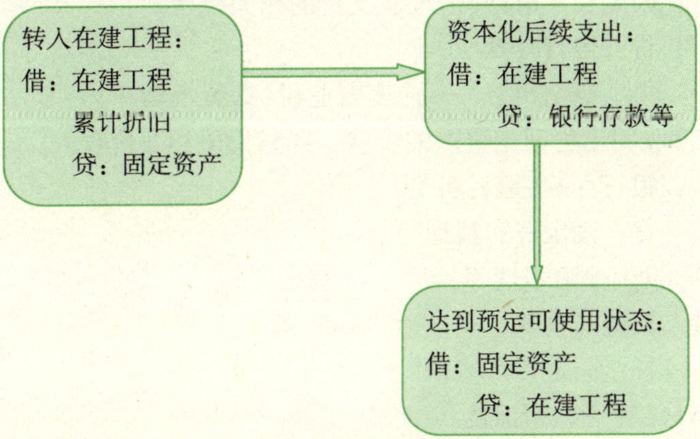

图 4－4　资本化支出账务处理流程

费用化支出的账务处理如下：

借：管理费用

销售费用

贷：银行存款

三、固定资产处置的核算

当一项固定资产不能满足企业的使用效果时，可以将其出售或报废；固定资产在使用过程中也会出现损毁等情况。为此，企业应设置“固定资产清理”科目来核算这部分转出资产的价值，以及在清理过程中发生的费用等。

固定资产处置包括出售、报废、毁损、对外投资、非货币性资产交换（物换物）、债务重组等。其账务处理具体包括以下几个环节。

（1）固定资产转入清理。

借：固定资产清理（账面价值）

累计折旧（已提折旧）

固定资产减值准备（已提减值准备）

贷：固定资产（原价）

（2）发生清理税费。

借：固定资产清理（清理应支付的相关税费）

贷：银行存款

应交税费——应交营业税（处置不动产）

（3）收回出售固定资产的价款、残料价值和变价收入。

借：银行存款（原材料等）

贷：固定资产清理

（4）发生保险赔偿等。

借：其他应收款

贷：固定资产清理

（5）结转清理净损益。

如为借方余额，属于清理净损失。

借：营业外支出

　　贷：固定资产清理

如为贷方余额，属于清理净收益。

借：固定资产清理

　　贷：营业外收入

四、固定资产盘盈、盘亏的核算

为了保证固定资产核算的真实性，保护固定资产的安全完整，企业应定期或不定期地对固定资产进行盘点清查。在编制年度会计报表以前，应进行一次全面清查，盘点实物，进行账实核对。对盘盈、盘亏、毁损的固定资产，应当查明原因，写出书面报告，并根据企业的管理权限，经股东大会或董事会，或经理(厂长)会议或类似机构批准后，将其清查结果记入当期损益。

固定资产清查的账务处理如表4－5所示。

表4－5　固定资产清查的账务处理

<table>
<tr><th>情形</th><th>时间</th><th>账务处理</th></tr>
<tr><td rowspan="2">固定资产盘盈</td><td>发生时</td><td>借：固定资产
　　贷：以前年度损益调整</td></tr>
<tr><td>批准处理时</td><td>借：待处理财产损溢——待处理固定资产损溢
　　贷：营业外收入</td></tr>
<tr><td rowspan="2">固定资产盘亏</td><td>发生时</td><td>借：待处理财产损溢——待处理固定资产损溢
　　累计折旧
　　固定资产减值准备
　　贷：固定资产</td></tr>
<tr><td>批准处理时</td><td>借：其他应收款
　　营业外支出
　　贷：待处理财产损溢——待处理固定资产损溢</td></tr>
</table>

无形资产的核算

根据《企业会计准则第6号——无形资产》的规定，无形资产是指企业拥有或者控制的没有实物形态的可辨认非货币性资产。如果你的住房算是你的固定资产的话，那么你所拥有的知识和技能就算做你的无形资产了，知识和技能是你拥有的，无实物形态而且能够给你带来收益。

一、取得无形资产的核算

核算方法如下：

(1)购入的无形资产，按实际支付的价款，借记“无形资产”科目，贷记“银行存款”等科目。

(2)投资者投入的无形资产，应按投资合同或协议约定方确定的价值记入“无形资产”科目。约定的价值与其在资本(股本)中所拥有的份额有差额的，应将其差额作为资本公积处理。

(3)企业自行开发无形资产发生的支出，包括研究阶段和开发阶段的支出，均先通过“研发支出”科目进行核算。不满足资本化条件的，借记“研发支出——费用化支出”科目；满足资本化条件的，借记“研发支出——资本化支出”科目。

研究开发项目达到预定用途形成无形资产时，应将“研发支出——资本化支出”科目的余额，转入“无形资产”科目；期末应将“研发支出——费用化支出”科目归集的金额转入“管理费用”科目。

二、无形资产摊销与处置的的账务处理

无形资产能使企业在较长时期内收益，因而企业应按无形资产的使用寿命对无形资产进行分期摊销。根据《企业会计准则——无

形资产》的规定：无形资产应自取得当月起，在预计使用年限内分期平均摊销。

无形资产的摊销年限按如下原则确定：

(1)合同规定受益年限但法律没有规定有效年限的，摊销年限不应超过合同规定的受益年限。

(2)合同没有规定受益年限但法律规定有效年限的，摊销年限不应超过法律规定的有效年限。

(3)合同规定了受益年限，法律也规定了有效年限的，摊销年限不应超过受益年限和有效年限中的较短者。

(4)如果合同没有规定受益年限，法律也没有规定有效年限的，摊销年限不应超过10年。

企业无形资产的摊销应设置“累计摊销”账户进行核算，按无形资产项目进行明细科目分类。不同部门、不同用途的无形资产摊销时应计入不用的科目，比如企业生产经营及管理用无形资产摊销时，应借记“管理费用”；出租无形资产摊销时，应借记“其他业务成本”；某项无形资产所包含的经济利益通过所生产的产品或其他资产实现的，其摊销金额应当记入“制造费用”科目。

企业出售无形资产，是企业处置无形资产的一种形式，是企业转让无形资产所有权的行为，应当将取得的价款与该无形资产账面价值的差额计入当期损益。其账务处理如下：

借：银行存款

　　累计摊销

　　无形资产减值准备

　　贷：无形资产

　　　　应交税费

　　　　营业外收入——处置非流动资产利得

或，借记“营业外支出——处置非流动资产损失”科目。

无形资产预期不能为企业带来经济利益的，应当将该无形资产报废并予以转销，其账面价值转做营业外支出。其账务处理如下：

借：累计摊销

　　无形资产减值准备

　　营业外支出——处置非流动资产损失

　　贷：无形资产

小案例

2013年1月1日，A公司从外单位购得一项非专利技术，支付价款50 000 000元，款项已支付，估计该项非专利技术的使用寿命为10年，该项非专利技术用于产品生产；同时，购入一项商标权，支付价款30 000 000万元，款项已支付，估计该商标权的使用寿命为15年。假定这两项无形资产的净残值为零，并按直线法摊销。

A公司的账务处理如下：

(1)取得无形资产时。

借：无形资产——非专利技术	50 000 000	
——商标权	30 000 000	
贷：银行存款		80 000 000

(2)按年摊销时。

借：制造费用——非专利技术	5 000 000	
管理费用——商标权	2 000 000	
贷：累计摊销		7 000 000

负债和所有者权益的核算

负债和所有者权益共同形成企业资产，虽然负债可以起到财务杠杆作用，但是毕竟所有者权益形成的资产才是企业自己拥有的。上一章讲述了如何进行资产的核算，本章我们来继续学习一下负债和所有者权益的核算。

在这一章，你将会知道

◇ 负债包括哪些。

◇ 所有者权益是什么，如何进行核算。

负债的核算

负债，是指企业过去的交易或者事项形成的、预期会导致经济利益流出企业的现时义务。通俗来讲，负债就是欠别人的东西，将来要还的，所以会导致经济利益流出企业。

一、短期借款的会计核算

短期借款是指企业为了维持正常的生产经营所需而向银行或其他金融机构借入的，还款期限在 1 年内或超过 1 年的一个经营周期内的借款。

企业应设置“短期借款”科目对短期借款进行核算。

当借入短期借款时，应借记“银行存款”科目，贷记“短期借款”科目；发生短期借款利息时，借记“财务费用”、“预提费用”科目，贷记“银行存款”科目；归还短期借款时，应借记“短期借款”科目，贷记“银行存款”科目。

小案例

A 股份有限公司于 2013 年 2 月 1 日向银行借入一笔生产经营用短期借款，共计 120 000 元，期限为 9 个月，年利率为 8%。根据与银行签署的贷款协议，该项借款的本金到期后一次归还；利息分月预提，按季支付。A 股份有限公司的有关会计处理如下：

①2 月 1 日，借入短期借款时。

借：银行存款	120 000	
贷：短期借款		120 000

②2 月末，计提 2 月份应计利息时。

借：财务费用　800
　　贷：应付利息　800

本例中，短期借款利息800元属于企业的筹资费用，应记入“财务费用”科目。

3月末，计提3月份利息费用的处理与2月份相同。

③4月末，支付第一季度银行借款利息时。

借：财务费用　800
　　应付利息　1 600
　　贷：银行存款　2 400

④11月1日，偿还银行借款本金时。

借：短期借款　120 000
　　贷：银行存款　120 000

二、应付票据的会计核算

应付票据是企业购买材料、商品或接受劳务供应等交易过程中形成的一种负债，它是由出票人出票，委托付款人在指定日期无条件支付确定的金额给收款人或者持票人的票据，包括商业承兑汇票和银行承兑汇票。

其账务处理的过程如下：

(1)企业开出、承兑商业汇票或以承兑商业汇票抵付货款、应付账款时。

借：物资采购
　　应交税费——应交增值税(进项税额)
　　贷：应付票据

(2)支付银行承兑汇票的手续费。

借：财务费用
　　贷：银行存款

收到银行支付到期票据的付款通知：

借：应付票据
　　贷：银行存款

(3)企业开出的商业汇票，如为带息票据，应于期末计算应付利息。

借：财务费用

　　贷：应付票据

(4)票据到期清偿时。

借：应付票据

　　财务费用(对带息应付票据而言)

　　贷：银行存款

三、应付账款的会计核算

应付账款指因购买材料、商品或接受劳务供应等而发生的债务，它是因为买卖双方在购销活动中取得物资与支付货款的时间不一致而产生的。一般应在与所购买物资所有权相关的主要风险和报酬已经转移，或者所购买的劳务已经接受时确认。

企业应设置“应付账款”会计科目，在核算时，应按债权单位和个人设置明细账户进行明细核算。其账务处理流程如下：

(1)企业发生应付账款时。

若材料已验收入库，货款尚未支付，则按实际金额：

借：原材料

　　应交税费——应交增值税(进项税额)

　　贷：应付账款

若材料已验收入库，但月份终了相关发票单据尚未到达，货款尚未支付，则按暂估价：

借：原材料

　　应交税费——应交增值税(进项税额)

　　贷：应付账款

下月初再用红字数予以冲销。

(2)偿还应付账款时。

借：应付账款

　　贷：银行存款(或其相应账户)

四、应付职工薪酬的会计核算

应付职工薪酬的会计核算如图5－1所示。

应付职工薪酬

期末贷方余额，反映企业应付未付的职工薪酬

①企业向职工支付工资、奖金、津贴等。
借：应付职工薪酬
　　贷：银行存款、库存现金等科目
②企业从应付职工薪酬中扣还的各种款项（代垫的家属药费、个人所得税等）。
借：应付职工薪酬
　　贷：其他应收款、应交税费——应交个人所得税等科目
③企业向职工支付职工福利费。
借：应付职工薪酬
　　贷：银行存款、库存现金等科目
④企业支付工会经费和职工教育经费用于工会活动和职工培训。
借：应付职工薪酬
　　贷：银行存款等科目
⑤企业按照国家有关规定缴纳社会保险费和住房公积金。
借：应付职工薪酬
　　贷：银行存款
⑥企业因解除与职工的劳动关系给予职工的补偿。
借：应付职工薪酬
　　贷：银行存款

企业应当根据职工提供服务的收益对象，对发生的职工薪酬分别以下情况进行处理。
①生产部门人员的职工薪酬。
借：生产成本、制造费用、劳务成本科目
　　贷：应付职工薪酬
②管理部门人员的职工薪酬。
借：管理费用
　　贷：应付职工薪酬
③销售人员的职工薪酬。
借：销售费用
　　贷：应付职工薪酬
④应由在建工程、研发支出负担的职工薪酬。
借：在建工程、研发支出等科目
　　贷：应付职工薪酬
⑤因解除与职工的劳动关系给予的补偿。
借：管理费用
　　贷：应付职工薪酬

图5－1　应付职工薪酬的会计核算

“应付职工薪酬”科目核算企业根据有关规定应付给职工的各种薪酬。企业可按“工资”、“职工福利”、“社会保险费”、“住房公积金”、“工会经费”等进行明细核算，主要账务处理如上图(图 5－1)所示。

五、应交税费的会计核算

企业应交税费的种类较多，这里介绍应交增值税、应交消费税、应交营业税、应交城市维护建设税和应交教育费附加的核算。

1. 应交增值税

增值税是对在我国境内销售货物或者提供加工、修理修配劳务以及进口货物的单位和个人，就其取得的货物或应税劳务销售额，以及进口货物金额计算税款，并实行税款抵扣制的一种流转税。

按照我国现行制度规定，增值税的纳税义务人分为一般纳税人和小规模纳税人两种。它们在应纳增值税额的计算方法和会计核算上是有所不同的。下面以一般纳税企业为主，简单介绍应纳增值税额的计算和应交增值税的核算。

(1)应纳税额的计算。

从应纳增值税额的一般计算原理来说，企业销售货物或者提供应税劳务，应纳税额为当期销项税额抵扣当期进项税额后的余额。即应纳税额的一般计算公式为：

应纳税额＝当期销项税额－当期进项税额

当期销项税额小于当期进项税额不足抵扣时，其不足部分可以结转下期继续抵扣。

增值税进项税额是指一般纳税人购进货物或接受应税劳务支付价款中所含的增值税税额。企业支付的增值税进项税额能否在销项税额中抵扣，应视具体情况而定。按照我国税法规定，下列项目的进项税额不得从销项税额中抵扣：

① 用于非增值税应税项目、免征增值税项目、集体福利或者个人消费的购进货物或者应税劳务；

② 非正常损失的购进货物及相关的应税劳务；

③ 非正常损失的在产品、产成品所耗用的购进货物或者应税劳务；

④ 国务院财政、税务主管部门规定的纳税人自用消费品；

⑤ 本规定第①项至第④项规定的货物的运输费用和销售免税货物的运输费用。

增值税销项税额是指一般纳税人销售货物或提供应税劳务收取价款中所含的增值税税额。其计算公式为：

销项税额 = 销售额 × 增值税税率

计算增值税销项税额所依据的销售额是指企业销售货物或提供应税劳务向购买方收取的除销项税额、代扣代交的消费税以及代垫运杂费以外的全部价款和价外费用。价外费用主要包括手续费、包装费、违约金（延期付款利息）以及运杂费等。

企业如果采用不含税定价的方法，销项税额可以直接根据不含税的销售额计算；如果采用销售额和销项税额合并定价的方法，应按下列公式将含税销售额还原为不含税销售额，并按不含税销售额计算销项税额：

不含税销售额 = 含税销售额/(1 + 增值税税率)

按照《中华人民共和国增值税暂行条例实施细则》的规定，对于企业将自产、委托加工的货物用于非应税项目；将自产、委托加工的货物用于投资、提供给其他单位或个体经营者；将自产、委托加工或购买的货物分配给股东或投资者；将自产或委托加工的货物用于集体福利或个人消费；将自产、委托加工或购买的货物无偿赠送他人的，应视同销售行为，需要计算交纳增值税。在这种情况下，会计核算不作为销售处理，按成本转账。在计算交纳增值税时，销售额应按下列顺序确定：

① 按当月同类货物的平均销售价格确定。

② 按最近时期同类货物的平均销售价格确定。

③ 按组成计税价格确定，其计算公式为：

组成计税价格 = 成本 ×(1 + 成本利润率)

属于应征消费税的货物，其组成计税价格应加计消费税税额。

(2)应交增值税的核算。

进行应交增值税的核算，企业应在“应交税费”科目下设置“应交增值税”和“未交增值税”两个明细科目。

在“应交增值税”明细账内，一般应在借方设置“进项税额”、“已交税金”、“转出未交增值税”等栏目；贷方一般应设置“销项税额”、“进项税额转出”、“转出多交增值税”等栏目。

通过“应交增值税”明细账借、贷双方各栏目的记录，可计算出以下数据：

公式 1：抵减后的进项税额 = 进项税额 − 进项税额转出

公式 2：本期应交增值税 = 本期销项税额 − 抵减后的进项税额

公式 3：本期未交增值税 = 本期应交增值税 − 已交税金

上述公式 2 中，如果本期销项税额小于抵减后的进项税额，其差额为尚未抵扣的进项税额，保留在“应交增值税”明细账内，可以在以后期间继续抵扣。

上述公式 3 中，如果本期应交增值税大于已交税金，则差额为本期未交增值税，应将其通过“应交增值税”明细账借方的“转出未交增值税”专栏转入“未交增值税”明细账的贷方。如果本期应交增值税小于已交税金，则差额为本期多交增值税，应将其通过“应交增值税”明细账贷方的“转出多交增值税”专栏转出“未交增值税”明细账的借方。

“未交增值税”明细科目的借方登记转入的当期多交的增值税以及上交的上期应交未交的增值税，贷方登记转入的当期应交未交的增值税。该明细科目若为借方余额，表示累计多交的增值税；若为贷方余额，表示累计未交的增值税。

在这里需要注意的是，企业在交纳增值税时，应将补交的以前月份未交增值税记入“应交税费——未交增值税”科目借方，将交纳的当月增值税记入“应交增值税——应交增值税(已交税金)”科目的借方。

小案例

某企业为增值税一般纳税人，本期购入一批材料，增值税专用发票上注明的增值税税额为204 000万元，材料价款为1 200 000万元。材料已入库，贷款已经支付。材料入库后，该企业将该批材料全部用于办公楼工程建设项目。根据该项经纪业务，企业可作如下账务处理：

借：原材料　　1 200 000
　　应交税费——应交增值税(进项税额)　　204 000
　　贷：银行存款　　1 404 000
借：在建工程　　1 404 000
　　贷：应交税费——应交增值税(进项税额转出)　　204 000
　　　　原材料　　1 200 000

2. 应交消费税

消费税是对特定的消费品，如烟、酒及酒精、化妆品、护肤护发品、贵重首饰及珠宝玉石、鞭炮和焰火、汽油、柴油、汽车轮胎、摩托车、小汽车，高档手表、实木地板、游艇等所征收的一种流转税。在我国境内生产、委托加工和进口应税消费品的单位和个人，为消费税的纳税义务人。

消费税实行从价定率、从量定额，或者两者相结合的办法计算应纳税额。应纳税额的计算公式如下：

公式1：实行从价定率办法计算的应纳税额=销售额×税率

公式2：实行从量定额办法计算的应纳税额=销售数量×单位税额

公式3：实行复合办法计算的应纳税额=销售数量×单位税额+销售额×税率

以上公式中的销售额是指纳税人销售应税消费品向购买方收取

的全部价款和价外费用，但不包括应向购货方收取的增值税税款。

为了反映和监督消费税的应交和实际交纳情况，企业应在“应交税费”科目下设置“应交消费税”明细科目。该科目的贷方登记应交纳的消费税税额，借方登记实际交纳的消费税税额，期末贷方余额表示尚未交纳的消费税税额。

小案例

某企业为增值税一般纳税人(采用计划成本核算原材料)，本期销售其生产的应纳消费税产品，应纳消费税产品的售价为240 000元(不含应向购买者收取的增值税税额)，产品成本为150 000元。该产品的增值税税率为17%，消费税税率为10%。产品已经发出，符合收入确认条件；款项尚未收到。根据这项经济业务，企业可作如下账务处理：

应向购买者收取的增值税税额 = 240 000 × 17% = 40 800(元)。

应交的消费税 = 240 000 × 10% = 24 000(元)。

借：应收账款	280 800	
贷：主营业务收入		240 000
应交税费——应交增值税(销项税额)		40 800
借：营业税金及附加	24 000	
贷：应交税费——应交消费税		24 000
借：主营业务成本	150 000	
贷：库存商品		150 000

3. 应交营业税

营业税是对交通运输业、建筑业、金融保险业、邮电通信业、文化体育业、娱乐业、服务业等行业所提供的应税劳务，以及各行业转让无形资产和销售不动产所征收的一种流转税。在我国境内提供应税劳务、转让无形资产或者销售不动产的单位和个人为营业税的纳税义务人。

企业提供应税劳务、转让无形资产或者销售不动产，按照营业额和规定的税率计算应纳税额。应纳税额的计算公式如下：

应纳税额 = 营业额 × 适用税率

以上公式中的营业额，除营业税暂行条例规定的有关情形外，是指企业提供应税劳务、转让无形资产或者销售不动产向对方收取的全部价款和价外费用。

为了反映和监督营业税的应交和实际交纳情况，企业应在“应交税费”科目下设置“应交营业税”明细科目。该明细科目的贷方登记应交纳的营业税金，借方登记实际交纳的营业税金，期末贷方余额表示尚未交纳的营业税金。

小案例

某企业对外提供运输劳务，收入 350 000 元，营业税税率 5%。当期用银行存款上交营业税 17 500 元。根据该项经济业务，企业应作如下账务处理：

应交营业税 = 350 000 × 5% = 17 500（元）。

借：营业税金及附加　　17 500

　　贷：应交税费——应交营业税　　17 500

借：应交税费——应交营业税　　17 500

　　贷：银行存款　　17 500

4. 应交城市维护建设税

城市维护建设税是一种附加税。按现行税法的规定，城市维护建设税以应交纳的增值税、消费税、营业税为计税依据，按一定的比例计算交纳。应纳税额的计算公式为：

应纳税额 = 计税依据 × 适用税率

企业计算出应交城市维护建设税时，应借记“营业税金及附加”、“其他业务支出”、“固定资产清理”等科目，贷记“应交税费——应交城市维护建设税”科目；实际交纳城市维护建设税时，应借记“应交税费——应交城市维护建设税”科目，贷记“银行存款”科目。

5. 应交教育费附加

教育费附加是一种附加费，一般按照企业实际缴纳的增值税、营业税和消费税金额的3%计算缴纳。应交教育费附加的计算方法与应交城市维护建设税的计算口径相同，也是通过“应交税费”科目核算。

计算出应交教育费附加时，借记“营业税金及附加”、“其他业务支出”、“固定资产清理”等科目；贷记“应交税费——应交教育费附加”科目。实际交纳教育费附加时，借记“应交税费——应交教育费附加”科目，贷记“银行存款”科目。

所有者权益的核算

所有者权益是指企业所有者对企业净资产的要求权。企业的净资产在数量上等于企业全部资产减去负债后的余额。所有者权益按其构成，分为实收资本(股本)、资本公积和留存收益三类。

一、实收资本

“实收资本”科目核算企业接受投资者投入的实收资本。企业可按投资者进行明细核算。其主要账务处理如下：

(1)企业接受投资者投入的资本。

借：银行存款、其他应收款、固定资产、无形资产、长期股权投资等科目

　　贷：实收资本(按其在注册资本或股本中所占份额)

　　　　资本公积——资本溢价或股本溢价(按其差额)

(2)股东大会批准的利润分配方案中分配的股票股利，应在办理增资手续后处理。

借：利润分配

　　贷：实收资本

(3)可转换公司债券持有人行使转换权利，将其持有的债券转换为股票。

借：应付债券——可转换公司债券(面值、利息调整)(按可转换公司债券的余额)

　　资本公积——其他资本公司(按其权益成分的金额)

　　贷：实收资本(按股票面值和转换的股数计算股票面值总额)

　　　　资本公积——股本溢价(按其差额)

如有现金支付不可转换股票，还应贷记“银行存款”科目。

(4)企业按法定程序报经批准减少注册资本的。

借：实收资本

　　贷：库存现金、银行存款等科目

(5)股份有限公司采用收购本公司股票方式减资的。

借：实收资本(按股票面值和注销股数计算的股票面值总额)

　　资本公积——股本溢价

　　盈余公积

　　利润分配——未分配利润

　　贷：库存股(按所注销库存股的账面余额)

购回股票支付的价款低于面值总额的：

借：实收资本(按股票面值总额)

　　贷：库存股(按所注销库存股的账面余额)

　　　　资本公积——股本溢价(按其差额)

小案例

B股份有限公司发行普通股20 000 000股，每股面值为1元，发行价格为6元。股款120 000 000元已经全部收到，发行过程中发生相关税费60 000元。

借：银行存款	119 940 000	
贷：股本		20 000 000
资本公积——股本溢价		99 940 000

二、资本公积

资本公积是指投资者或者其他投资人投入到企业超过法定资本的那部分的资金。

企业应设置“资本公积”科目对资本公积进行核算，该科目核算企业取得的资本公积。“资本公积”科目应按资本公积形成的类别设置明细账，进行明细核算，其期末贷方余额反映企业实有的资本公积。

“资本公积”科目应当设置以下明细科目：

(1)资本(或股本)溢价。

(2)接受捐赠非现金资产准备。

(3)接受现金捐赠。

(4)股权投资准备。

(5)拨款转入。

(6)外币资本折算差额。

(7)其他资本公积。

资本公积的主要账务处理如下：

(1)收到投资者投入的资金。

借：银行存款(实际收到的金额)

　　固定资产(确定的价值)

　　贷：实收资本(在注册资本中所占份额)

　　　　资本公积——资本溢价

(2)股份有限公司溢价发行股票。

借：现金或银行存款(实际收到的金额)

　　贷：股本(股票面值和核定的股份总额的乘积计算的金额)

　　　　资本公积——股本溢价

(3)境外上市公司以及在境内发行外资股的公司，收到股款时。

借：银行存款等(收到股款当日的汇率折合的人民币金额)

　　贷：股本(确定的人民币股票面值和核定的股份总额的乘积计算的金额)

　　　　资本公积——股本溢价

(4)企业接受捐赠的非现金资产，按确定的价值。

借：有关科目

　　贷：资本公积——接受捐赠非现金资产准备

(5)接受捐赠的非现金资产处理时，按转入资本公积的金额入账。

借：资本公积——接受捐赠非现金资产准备

贷：资本公积——其他资本公积

小案例

A公司委托B证券公司代理发行普通股2 000 000股，每股面值1元，按每股1.2元的价格发行。公司与受托单位约定，按发行收入的3%收取手续费，从发行收入中扣除。假如收到的股款已存入银行。

根据上述资料，A公司应作以下账务处理：

借：银行存款	2 328 000	
贷：股本		2 000 000
资本公积——股本溢价		328 000

三、盈余公积

企业应设置“盈余公积”会计科目，对盈余公积进行核算。“盈余公积”科目核算企业从净利润中提取的盈余公积。

“盈余公积”科目应当设置以下明细科目：

(1)法定盈余公积。

(2)任意盈余公积。

(3)法定公益金。

(4)储备基金。

(5)企业发展基金，并分别“补充流动资金”、“购建固定资产”设置明细账。

(6)利润归还投资。

盈余公积的主要账务处理如下：

盈余公积的核算，应设置“盈余公积”账户，明细账户有“一般盈余公积”、“任意盈余公积”和“公益金”。其账务处理如图 5－1 所示。

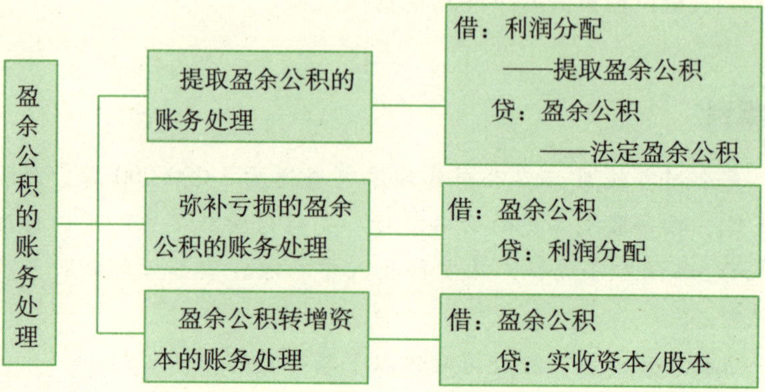

图 5－1　盈余公积的账务处理

当用于购建集体福利设施时，账务处理如图 5－2 所示。

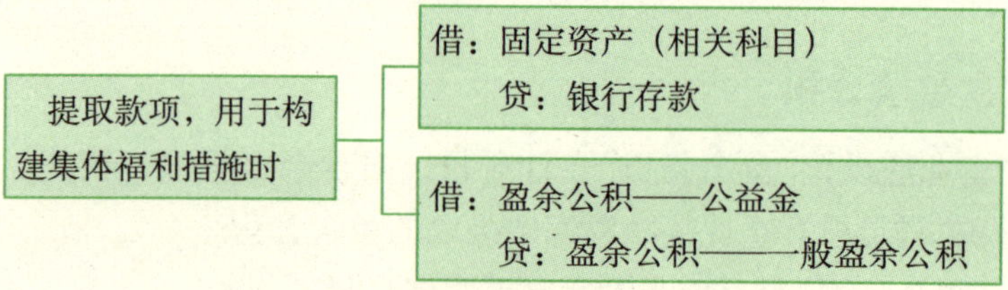

图 5－2　购建集体福利设施的账务处理

四、未分配利润

未分配利润是企业实现的净利润，是经过弥补亏损、提取盈余公积和向投资者分配利润后留存在企业的历年来结存下来的利润。

未分配利润是企业未作分配的利润，它有两层含义：一是留待以后年度处理的利润；二是未指明特定用途的利润。相对于所有者权益的其他部分来说，企业对于未分配利润的使用自主权较大，受国家法律法规的限制较少。

为了反映未分配利润的情况，企业应设置“利润分配——未分配利润”账户进行核算。

在年终时，应将本年实现的净利润结转到“利润分配——未分配利润”账户的贷方，将本年利润分配的数额结转到“利润分配——未分配利润”账户的借方。结转后，如“未分配利润”余额在贷方，表示企业尚有的未分配利润的数额；如余额在“未分配利润”的借方，则表示企业尚未弥补亏损的数额。

小案例

A股份有限公司的股本为100 000 000元，每股面值1元。2012年年初未分配利润为贷方80 000 000元，2012年实现净利润50 000 000元。

假定公司按照2012年实现净利润的10%提取法定盈余公积，5%提取任意盈余公积，同时向股东按每股0.2元派发现金股利，按每10股送3股的比例派发股票股利。2013年3月15日，公司以银行存款支付了全部现金股利，新增股本也已经办理完股权登记和相关增资手续。A公司的账务处理如下：

(1)2012年度终了时，企业结转本年实现的净利润。

借：本年利润　　50 000 000
　　贷：利润分配——未分配利润　　50 000 000

(2)提取法定盈余公积和任意盈余公积。

借：利润分配——提取法定盈余公积　　5 000 000
　　　　　　——提取任意盈余公积　　2 500 000
　　贷：盈余公积——法定盈余公积　　5 000 000
　　　　　　　　——任意盈余公积　　2 500 000

(3)结转“利润分配”的明细科目。

借：利润分配——未分配利润　　7 500 000
　　贷：利润分配——提取法定盈余公积　　5 000 000
　　　　　　　　——提取任意盈余公积　　2 500 000

A公司2012年年底“利润分配——未分配利润”科目的余额为122 500 000元(80 000 000 + 50 000 000 - 7 500 000)，即贷方余额为122 500 000元，反映企业的累计未分配利润为122 500 000元。

(4)批准发放现金股利。

现金股利 = 100 000 000 × 0.2 = 20 000 000(元)。

借：利润分配——应付现金股利　　20 000 000

　　贷：应付股利　　20 000 000

2013年3月15日，实际发放现金股利：

借：应付股利　　20 000 000

　　贷：银行存款　　20 000 000

(5)2013年3月15日，发放股票股利。

股票股利 = 100 000 000 × 1 × 30% = 30 000 000(元)。

借：利润分配——转作股本的股利　　30 000 000

　　贷：股本　　30 000 000

第六章

收入、费用和利润的核算

企业得以存在的根本是赚钱的能力，即得到利润，要赚钱就必须有收入，有收入就必然产生成本费用。企业的盈利能力受到管理者、员工和投资者各方的广泛关注，是企业的发展的重点。本章将介绍如何进行收入、费用和利润的核算。

在这一章，你将会知道

◇ 收入如何核算。

◇ 费用如何核算。

◇ 利润如何核算。

收入的核算

企业存在的意义就在于获得利润，企业运转的过程也就是通过付出成本费用，从而获得收入，使所收大于所支的过程。收入是指企业在日常活动中形成的、会导致所有者权益增加的、与所有者投入资本无关的经济利益的总流入。

一、一般销售业务的核算

1. 实现主营业务收入的账务处理

企业销售商品、提供劳务符合收入确认原则的，应在收入确认时，将实现的收入记入"主营业务收入"科目，借记"银行存款"、"应收账款"、"应收票据"等科目，贷记"主营业务收入"、"应交税费——应交增值税(销项税额)"等科目。

小案例

长城公司向其客户出售原材料一批，已开具了增值税专用发票，注明货款金额为100 000元，增值税税额17 000元，代垫运杂费10 000元，已向银行办妥托收手续。编制以上经济业务的会计分录：

借：应收账款	127 000	
贷：主营业务收入		100 000
银行存款		10 000
应交税费——应交增值税(销项税额)		17 000

2. 结转主营业务成本的核算

企业销售商品、提供劳务，通常在月份终了汇总结转已销商品、已提供的各种劳务的实际成本。按结转的实际成本，借记"主营业务成本”科目，贷记“库存商品”、“劳务成本”等科目。

小案例

长城公司 2013 年 7 月 25 日按合同规定向其客户销售一批办公用品，其中甲产品的成本为 20 000 元，乙产品为 15 000 元，编制相应会计分录：

借：主营业务成本——甲产品　　20 000
　　　　　　　　——乙产品　　15 000
　　贷：库存商品——甲产品　　　　20 000
　　　　　　　　——乙产品　　　　15 000

3. 营业税金及附加的核算

企业销售商品、提供劳务，应按规定计算销售商品、提供劳务应交的消费税、营业税、资源税、城市维护建设税和教育费附加，按以主营业务收入为基础计算得出的应缴纳的各种税金和附加费，借记“营业税金及附加”科目，贷记“应交税费”(按各税金分列明细科目)等科目。

需注意：对企业一次性收款，以后各期提供劳务时，应将该项收款在整个收益期内分期确认收入，未确认的收入记入“递延收益”科目。

小案例

2013 年 6 月末，A 公司共取得主营业务收入 300 000 万元，计算应缴纳的增值税为 12 000 元，城市维护建设税为 840 元，教育费附加为 360 元。会计分录为：

借：营业税金及附加　　1 200
　　贷：应交税费——应交城市维护建设税　　840
　　　　应交税费——应交教育费附加　　360

二、分期付款方式下商品销售的核算

当商品发出时，按商品的实际成本，借记“分期收款发出商品”科目，贷记“库存商品”科目，采用计划成本（或售价）核算的企业，还应当分摊成本差异或进销差价；企业应在合同约定收款日期确认收入，借记“银行存款”、“应收账款”、“应收票据”等科目，贷记主营业务收入、应交税费——应交增值税（销项税额）”科目；在每期销售收入实现时，应按每期已收或应收的货款金额和商品全部销售成本与全部销售收入的比率，计算出本期应结转的销售成本，借记“主营业务成本”科目，贷记“分期收款发出商品”科目。

小案例

A 公司销售一台大型设备，全部价款 200 000 元，不含增值税，分三期收款，按合同规定交付设备的第一期收取 50% 的价款，以后两期每期均收取 25% 的价款，该设备的成本为 160 000 元。编制以上经济业务的会计分录：

① 发出该设备时。

借：分期收款发出商品　　160 000

　　贷：库存商品　　160 000

② 交付设备收取第一期 50% 的价款时。

借：银行存款　　117 000

　　贷：主营业务收入　　100 000

　　　　应交税费——应交增值税（销项税额）　　17 000

结转相应的主营业务成本 = 160 000 × 50% = 80 000（元）。

借：主营业务成本　　80 000

　　贷：分期收款发出商品　　80 000

③ 第二期、第三期每期均收取价款的 25%，即 50 000 元，相应每期结转的成本为 40 000 元。各期均应作如下会计分录：

借：银行存款　　58 500
　　贷：主营业务收入　　50 000
　　　　应交税费——应交增值税(销项税额)　　8 500
借：主营业务成本　　40 000
　　贷：分期收款发出商品　　40 000

如果在合同约定日期顾客没有交付货款或者未交足规定货款，企业应借记“应收账款”科目，贷记相对应科目。

三、委托代销商品的核算

企业委托其他单位代销商品，在发出代销商品时不确认收入的实现，应按发出商品的实际成本，借记委托代销商品科目，“贷记库存商品”等科目；收到代销单位的代销清单时确认收入，并借记“应收账款”等科目，贷记“主营业务收入”、“应交税费——应交增值税(销项税额)”科目；同时，按代销商品的实际成本，借记“主营业务成本”科目，贷记“委托代销商品”科目。如果代销是采取由委托方支付手续费方式的，则委托方还应在收到代销清单时，根据应付的手续费，借记“营业费用”科目，贷记”应收账款”科目。

小案例

A公司委托甲商店代销A产品1 000件，单位售价1 170元(含17%的增值税)，单位成本680元，于2013年6月20日发出该批产品。7月20日收到甲商店转来的代销清单，上列售出400件，共收手续费5 000元。其有关的会计分录如下：

① 发出该批产品时。

借：委托代销商品　　680 000
　　贷：库存商品——A产品　　680 000

②7月20日收到代销清单时。

借：应收账款——甲商店 468 000

贷：主营业务收 400 000

应交税费——应交增值税(销项税额) 68 000

借：主营业务成本 272 000

贷：委托代销商品——A产品(甲商店) 272 000

借：营业费用 5 000

贷：应收账款——甲商店 5 000

③收到甲商店汇来的货款净额463 000元时。

借：银行存款 463 000

贷：应收账款——甲商店 463 000

四、受托代销商品的核算

企业收到受托代销商品时，按接收价，借记“受托代销商品”科目，贷记“代销商品款”科目。

采取收取手续费方式代销的商品，售出受托代销商品后，按售价和应收的增值税税额，借记“银行存款”、“应收账款”等科目；按增值税销项税额，贷记“应交税费——应交增值税(销项税额)”科目；按应付委托单位的款项，贷记“应付账款——××委托代销单位”科目；按收到的专用发票上注明的增值税税额，借记“应交税费——应交增值税(进项税额)”科目，贷记“应付账款——××委托代销单位”科目，同时，按接收价，借记“代销商品款”科目，贷记“受托代销商品”科目；计算代销手续费等收入，借记“应付账款——××委托代销单位”科目，贷记“主营业务收入”、“其他业务收入”科目；按支付给委托单位的代销款项，借记“应付账款——××委托代销单位”科目，贷记”银行存款”科目。

不采取收取手续费方式代销的商品，售出受托代销商品后，按售价和应收的增值税税额，借记“银行存款”、“应收账款”等科目；按实现的营业收入，贷记“主营业务收入”、“其他业务收入”科目；按增值税销项税额，贷记“应交税费——应交增值税(销项税额)”

科目。结转营业成本时，采用进价核算的，按接收价，借记“主营业务成本”、“其他业务支出”科目，贷记受托代销商品科目；同时，按接收价，借记“代销商品款”科目；按收到的专用发票上注明的增值税税额，借记“应交税费——应交增值税(进项税额)”科目；按应付委托单位的款项，贷记“应付账款——××委托代销单位”科目；按支付给委托单位的代销款项，借记“应付账款——××委托代销单位”科目，贷记“银行存款”科目。

小案例

甲公司委托丙公司销售商品200件，商品已经发出，每件成本为60元。合同约定丙公司应按每件100元对外销售，甲公司按不含增值税的售价的10%向丙公司支付手续费。丙公司对外实际销售100件，开出的增值税专用发票上注明的销售价款为10 000元，增值税税额为1 700元，款项已经收到。甲公司收到丙公司开具的代销清单时，向丙公司开具一张相同金额的增值税专用发票。假定甲公司发出商品时纳税义务尚未发生，不考虑其他因素。

丙公司的账务处理如下：

① 收到商品时。

借：受托代销商品　　20 000
　　贷：受托代销商品款　　20 000

② 对外销售时。

借：银行存款　　11 700
　　贷：应付账款　　10 000
　　　　应交税费——应交增值税(销项税额)　　1 700

③ 收到增值税专用发票时。

借：应交税费——应交增值税(进项税额)　　1 700
　　贷：应付账款　　1 700

借：受托代销商品款　　10 000
　　贷：受托代销商品　　10 000

④ 支付货款并计算代销手续费时。

借：应付账款　　11 700

　贷：银行存款　　10 700

　　　其他业务收入　　1 000

五、销售退回、销售折让与销售折扣的核算

企业发生销货退回后，应按照有关的原始凭证，办理产品入库手续。凡是本月发生已确认收入的销售退回，无论是属于本年度还是以前年度销售的产品，均应冲减本月的销售收入，借记“主营业务收入”科目，贷记“银行存款”、“应收账款”、“应付账款”科目，并红字贷记“应交税费——应交增值税（销项税额）”科目。如已经结转销售成本，同时应冲减同一月份的主营业务成本，借记“库存商品”科目，贷记“主营业务成本”科目。未确认收入的发出商品的退回按记入“发出商品”科目的金额，借记“库存商品”等科目，贷记“发出商品”科目。资产负债表日及之前售出的商品在资产负债表日至财务会计报告批准报出日之内发生退回的，应当作为资产负债表日后事项的调整事项处理。

企业发生的销售折扣应在实际发生时计入财务费用，发生的销售折让应在发生时冲减当期销售收入。

小案例

甲公司是一家健身器材销售公司。2013 年 2 月 1 日，甲公司向乙公司销售 5 000 件健身器材，单位销售价格为 500 元，单位成本为 400 元，开出的增值税专用发票上注明的销售价款为 2 500 000 元，增值税税额为 425 000 元。协议约定，乙公司应于 3 月 1 日之前支付货款，在 7 月 30 日之前有权退还健身器材。健身器材已经发出，款项尚未收到。假定甲公司根据过去的经验，估计该批健身器材退货率约为 20%；健身器材发出时纳税义务已经发生；实际发

生销售退回时取得税务机关开具的红字增值税专用发票。甲公司的账务处理如下：

①2月1日发出健身器材时。

借：应收账款　2 925 000

　贷：主营业务收入　2 500 000

　　应交税费——应交增值税(销项税额)　425 000

借：主营业务成本　2 000 000

　贷：库存商品　2 000 000

②2月31日确认估计的销售退回时。

借：主营业务收入　500 000

　贷：主营业务成本　400 000

　　预计负债　100 000

③3月1日前收到货款时。

借：银行存款　2 925 000

　贷：应收账款　2 925 000

④7月30日发生销售退回，实际退货量为1 000件，款项已经支付。

借：库存商品　400 000

　应交税费——应交增值税(销项税额)　85 000

　预计负债　100 000

　贷：银行存款　585 000

如果实际退货量为800件时：

借：库存商品　320 000

　应交税费——应交增值税(销项税额)　68 000

　主营业务成本　80 000

　预计负债　100 000

　贷：银行存款　468 000

　　主营业务收入　100 000

如果实际退货量为1 200件时：

借：库存商品　480 000
　应交税费——应交增值税(销项税额)　102 000
　主营业务收入　100 000
　预计负债　100 000
　贷：主营业务成本　80 000
　　银行存款　702 000

⑤ 7 月 30 日之前如果没有发生退货。

借：主营业务成本　400 000
　预计负债　100 000
　贷：主营业务收入　500 000

六、其他业务收入和其他业务支出的核算

企业应按规定相应地设置“其他业务收入”和“其他业务支出”科目进行核算。

1. 其他业务收入的核算

“其他业务收入”科目核算企业除主营业务以外的其他经济业务(如材料销售、代购代销、固定资产出租、包装物出租等)所取得的收入。

企业实现的其他业务收入，按实际价款借记“库存现金”、“银行存款”、“应收账款”、“应收票据”等科目，贷记其“他业务收入”科目和“应交税费”科目。月末，将“其他业务收入”科目的余额转入“本年利润”科目，期末一般无余额。该科目应按其他业务的种类设置明细账。

2. 其他业务支出的核算

“其他业务支出”科目核算企业除产品销售以外的其他销售或其他业务所发生的支出，包括销售成本、提供劳务而发生的相关成本、费用及交纳的税金等。

企业发生的其他业务支出，借记“其他业务支出”科目，贷记“原材料”、“包装物”、“累计折旧”、“生产成本”、“应付职工薪酬”、“应交税费”、“银行存款”等有关科目。期末，应将“其他业务支出科目”余额转入“本年利润”科目，结转后无余额。该科目应按其他业务的种类设置明细账。

费用的核算

费用是指企业在日常活动中发生的、会导致所有者权益减少的、与向所有者分配利润无关的经济利益的总流出。

一、管理费用

管理费用是指企业为组织和管理生产经营活动而发生的各种管理费用，包括企业在筹建期间发生的开办费、董事会和行政管理部门在企业的经营管理中发生的或者应由企业统一负担的公司经费（包括行政管理部门职工薪酬、物料消耗、低值易耗品摊销、办公费和差旅费等）、工会经费、董事会费（包括董事会成员津贴、会议费和差旅费等）、聘请中介机构费、咨询费（含顾问费）、诉讼费、业务招待费、房产税、车船使用税、土地使用税、印花税、技术转让费、矿产资源补偿费、研究费用、排污费以及企业生产车间（部门）和行政管理部门发生的固定资产修理费等。

企业应通过“管理费用”科目，核算管理费用的发生和结转情况。该科目借方登记企业发生的各项管理费用，贷方登记期末转入“本年利润”科目的管理费用，结转后该科目应无余额。该科目应按管理费用的费用项目进行明细核算。

小案例

A公司行政部2013年7月份共发生费用224 000元，其中：行政人员薪酬150 000元，行政部专用办公设备折旧费45 000元，报销行政人员差旅费21 000元（假定报销人均未预借差旅费），其他办公、水电费8 000元（均用银行存款支付）。会计分录如下：

借：管理费用　　224 000
　　贷：应付职工薪酬　　150 000
　　　　累计折旧　　45 000
　　　　库存现金　　21 000
　　　　银行存款　　8 000

二、销售费用

销售费用是指企业在销售商品和材料、提供劳务过程中发生的各项费用，包括企业在销售商品过程中发生的包装费、保险费、展览费和广告费、商品维修费、预计产品质量保证损失、运输费、装卸费等费用，以及企业发生的为销售本企业商品而专设的销售机构的职工薪酬、业务费、折旧费、固定资产修理费等费用。

企业应通过“销售费用”科目，核算销售费用的发生和结转情况。该科目借方登记企业所发生的各项销售费用，贷方登记期末结转入“本年利润”科目的销售费用，结转后该科目应无余额。该科目应按销售费用的费用项目进行明细核算。

小案例

A公司销售部2013年7月份共发生费用220 000元，其中：销售人员薪酬100 000元，销售部专用办公设备折旧费50 000元，业务费70 000元(均用银行存款支付)。会计分录如下：

借：销售费用　　220 000
　　贷：应付职工薪酬　　100 000
　　　　累计折旧　　50 000
　　　　银行存款　　70 000

三、财务费用

财务费用是指企业为筹集生产经营所需资金等而发生的筹资费用，包括利息支出(减利息收入)、汇兑损益以及相关的手续费、企业发生的现金折扣或收到的现金折扣等。

企业应通过“财务费用”科目核算财务费用的发生和结转情况。该科目借方登记企业发生的各项财务费用，贷方登记期末结转入“本年利润”科目的财务费用，结转后该科目应无余额。该科目应按财务费用的费用项目进行明细核算。

小案例

A公司于2013年2月1日向银行借入生产经营用短期借款360 000元，期限6个月，年利率5%，该借款本金到期后一次归还，利息分月预提，按季支付。假定2月份其中120 000元暂时作为闲置资金存入银行，并获得利息收入400元。假定所有利息均不符合利息资本化条件。2月份相关利息的会计处理如下：

2月末，预提当月份应计利息：

利息 $=360\ 000\times5\%\div12=1\ 500$(元)。

借：财务费用　　1 500

　　贷：应付利息　　1 500

同时，当月取得的利息收入400元应作为冲减财务费用处理。

借：银行存款　　400

　　贷：财务费用　　400

利润的核算

利润是企业在一定期间的经营成果，是收入减去费用、利得减去损失后的净额。收入多不一定意味着真正挣得多，获得利润才是企业的真正目的。

利润包括收入减去费用后的净额、直接计入当期利润的利得和损失等。其中，直接计入当期的利得和损失，是指应当计入当期损益、会导致所有者权益发生增减变动的、与所有者投入资本或者向所有者分配利润无关的利得和损失。其相关计算公式如下：

主营业务利润 = 主营业务收入 - 主营业务支出 - 主营业务税金及附加

营业利润 = 主营业务利润 + 其他业务利润 - 营业费用 - 管理费用 - 财务费用

利润总额 = 营业利润 + 投资收益 + 补贴收入 + 营业外收入 - 营业外支出

本年利润的结转主要表现在两个方面：一是与构成本年利润总额有关的收入、支出项目的结转；二是利润总额减去所得税费用后的余额，反映年末可供分配的利润。年终时，应将本年收入和支出相抵后所得的净利润，从“本年利润”科目转出，借记“本年利润”科目，贷记“利润分配——未分配利润”科目；如为净损失，则借记“利润分配——未分配利润”科目，贷记“本年利润”科目。

利润的账务处理如图 6 - 1 所示。

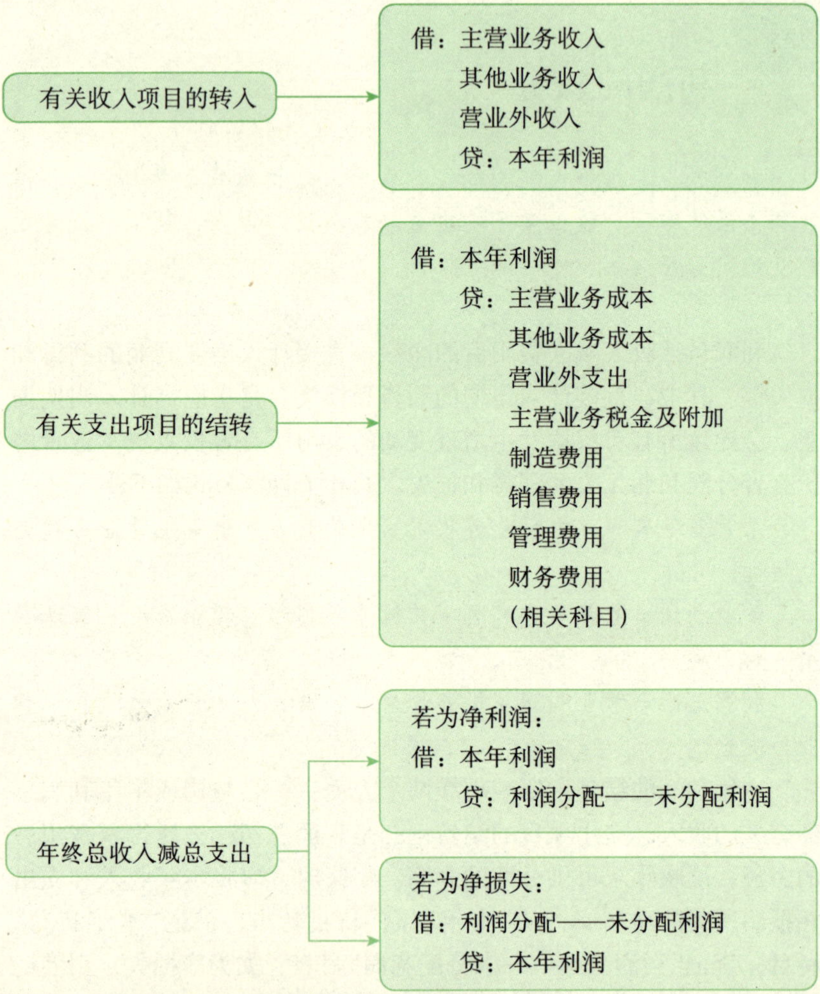
有关收入项目的转入
借：主营业务收入
其他业务收入
营业外收入
贷：本年利润
有关支出项目的结转
借：本年利润
贷：主营业务成本
其他业务成本
营业外支出
主营业务税金及附加
制造费用
销售费用
管理费用
财务费用
（相关科目）
年终总收入减总支出
若为净利润：
借：本年利润
贷：利润分配——未分配利润
若为净损失：
借：利润分配——未分配利润
贷：本年利润

图 6－1　利润的账务处理

第七章

认识财务报表

财务报表就像企业的晴雨表，里面的数字往往能够反映出企业的经营状况。对于企业来说，财务报表是进行财务分析、制定下一步财务计划的重要依据；对于投资者和债权人来说，财务报表是进行投资决策的重要参考；而对监管当局来说，财务报表则是对企业经营进行监管的一项重要手段。了解财务报表是掌握企业财务状况最重要的条件，也是学习会计的基石。

在这一章，你将会知道

◇ 财务报表是什么。

◇ 什么是资产负债表，资产负债表由哪些项目构成。

◇ 什么是利润表，利润表由哪些项目构成。

◇ 什么是现金流量表，现金流量表由哪些项目构成。

◇ 什么是所有者权益变动表，所有者权益变动表由哪些项目构成。

财务报表是什么

对于股民来说，企业的财务报表绝对不是一个陌生的名词。只要是上市公司，都必须对其财务报表进行披露，我们可以很轻松地从网络上获得这些披露的信息，但是真正对财务报表进行研究、了解财务报表的人却很少，甚至很多人仅仅是听过这个名词而从没有浏览过一份会计报告。那么，到底什么是财务报表呢？

财务报表是对企业财务状况、经营成果和现金流量的结构性表述，主要包括资产负债表、利润表、现金流量表、所有者权益（或股东权益）变动表以及附注等，前四者均属于基本财务报表，而附注是对基本财务报表中信息的进一步说明、解释和补充。在四张基本财务报表中，又以资产负债表、利润表和现金流量表最能直接反映企业的运营状况、财务体制和损益数据，因此它们是经营者与投资者最常关注与深入分析的财务报表。如表 7－1、表 7－2、表 7－3 所示。

表 7－1　资产负债表

编制单位：　　　　____月____日　　　　单位：元

资产	期末余额	年初余额	负债和所有者权益（或股东权益）	期末余额	年初余额
流动资产：			流动负债：		
货币资金			短期借款		
交易性金融资产			交易性金融负债		
应收票据			应付票据		
应收账款			应付账款		

（续表）

资产	期末余额	年初余额	负债和所有者权益（或股东权益）	期末余额	年初余额
预付款项			预收款项		
应收利息			应付职工薪酬		
应收股利			应交税费		
其他应收款			应付利息		
存货			应付股利		
一年内到期的非流动资产			其他应付款		
其他流动资产			一年内到期的非流动负债		
流动资产合计			其他流动负债		
非流动资产：			流动负债合计		
可供出售金融资产			非流动负债：		
持有至到期投资			长期借款		
长期应收款			应付债券		
长期股权投资			长期应付款		
投资性房地产			专项应付款		
固定资产			预计负债		
在建工程			递延所得税负债		
工程物资			其他非流动负债		
固定资产清理			非流动负债合计		
生产性生物资产			负债合计		

（续表）

资产	期末余额	年初余额	负债和所有者权益（或股东权益）	期末余额	年初余额
油气资产			所有者权益（或股东权益）：		
无形资产			实收资本（或股本）		
开发支出			资本公积		
商誉			减：库存股		
长期待摊费用			盈余公积		
递延所得税资产			未分配利润		
其他非流动资产			所有者权益（或股东权益）合计		
非流动资产合计					
资产总计			负债和所有者权益（或股东权益）总计		

表7－2　利润表

编制单位：　　　　　　　　____年____月　　　　　　　　单位：元

项目	本期金额	上期金额
一、营业收入		
减：营业成本		
营业税金及附加		
销售费用		
管理费用		
财务费用		

（续表）

项目	本期金额	上期金额
资产减值损失		
加：公允价值变动收益（损失以“－”号填列）		
投资收益（损失以“－”号填列）		
其中：对联营企业和合营企业的投资收益		
二、营业利润（亏损以“－”号填列）		
加：营业外收入		
减：营业外支出		
其中：非流动资产处置损失		
三、利润总额（亏损总额以“－”号填列）		
减：所得税费用		
四、净利润（净亏损以“－”号填列）		
五、每股收益：		
（一）基本每股收益		
（二）稀释每股收益		

表7－3　现金流量表

编制单位：　　　　　　　　____年____月　　　　　　　　单位：元

项目	本期金额	上期金额
一、经营活动产生的现金流量：		
销售商品、提供劳务收到的现金		
收到的税费返还		
收到其他与经营活动有关的现金		
经营活动现金流入小计		
购买商品、接受劳务支付的现金		

（续表）

项目	本期金额	上期金额
支付给职工以及为职工支付的现金		
支付的各项税费		
支付其他与经营活动有关的现金		
经营活动现金流出小计		
经营活动产生的现金流量净额		
二、投资活动产生的现金流量：		
收回投资收到的现金		
取得投资收益收到的现金		
处置固定资产、无形资产和其他长期资产收回的现金净额		
处置子公司及其他营业单位收到的现金净额		
收到其他与投资活动有关的现金		
投资活动现金流入小计		
购建固定资产、无形资产和其他长期资产支付的现金		
投资支付的现金		
取得子公司及其他营业单位支付的现金净额		
支付其他与投资活动有关的现金		
投资活动现金流出小计		
投资活动产生的现金流量净额		
三、筹资活动产生的现金流量：		
吸收投资收到的现金		
取得借款收到的现金		
收到其他与筹资活动有关的现金		

（续表）

项目	本期金额	上期金额
筹资活动现金流入小计		
偿还债务支付的现金		
分配股利、利润或偿付利息支付的现金		
支付其他与筹资活动有关的现金		
筹资活动现金流出小计		
筹资活动产生的现金流量净额		
四、汇率变动对现金的影响		
五、现金及现金等价物净增加额		
加：期初现金及现金等价物余额		
六、期末现金及现金等价物余额		

资产负债表——企业的“第一会计报表”

由于其重要的财务地位，资产负债表被誉为企业的“第一会计报表”。资产负债表不仅能显示特定时点企业是穷是富，还体现了企业的资金来源，所以也被誉为企业的“找钱用钱表”。

资产负债表是以“资产 = 负债 + 所有者权益”作为编制基础浓缩而成的一张报表，分为“资产”和“负债及所有者权益”两大部分。资产即企业拥有的一切，负债即企业借来的钱，而所有者权益即企业自己的钱。企业拥有的一切，无外乎来源于两个方面，一个是本来就是自己的，另一个就是借来的，即会计恒等式：“资产 = 负债 + 所有者权益”。如图 7 – 1 所示。

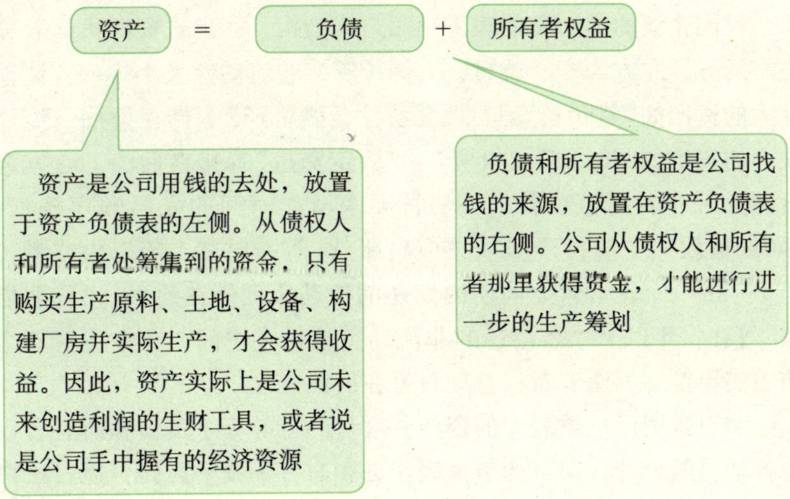

图 7 – 1　会计恒等式

小案例

小刘想和未婚妻结婚，于是他爸妈给了他500 000元，他从自己多年的积蓄中拿出500 000元，又从舅舅那借了400 000元，买了一套价值1 400 000元的房子。此外，他的未婚妻拿来了100 000元作为装修费和购置家具费。

正巧，小刘的未婚妻是个会计，于是就开始在心里计算了：这个家是我和小刘共同所有的，也就是说，我们俩共有的资产总共是价值1 400 000元的房子和100 000元的装修费与家具，总共是1 500 000元。其中，欠小刘舅舅的400 000元是一有钱就要还的，所以负债为400 000元。真正属于我们俩的财产，即所有有者权益，其实只有1 000 000元。

一、资产负债表的结构与格式

我国企业的资产负债表采用账户式结构。账户式资产负债表分左右两方，左方为资产项目，大体按资产的流动性大小排列：流动性大的资产如“货币资金”、“交易性金融资产”等排在前面，流动性小的资产如“长期股权投资”、“固定资产”等排在后面。右方为负债及所有者权益项目，一般按要求清偿时间的先后顺序排列：“短期借款”、“应付票据”、“应付账款”等需要在1年以内或者长于1年的一个正常营业周期内偿还的流动负债排在前面，“长期借款”等在1年以上才需偿还的非流动负债排在中间，在企业清算之前不需要偿还的所有者权益项目排在后面。

账户式资产负债表中的资产各项目的合计等于负债和所有者权益各项目的合计，即资产负债表左方和右方平衡。因此，通过账户式资产负债表，可以反映资产、负债、所有者权益之间的内在关系，即“资产 = 负债 + 所有者权益”。我国企业资产负债表格式如前表7－1所示。

二、资产负债表的编制

对于各个资产负债表项目年初余额，应根据上年末资产负债表的期末余额填列。若本年度资产负债表项目名称或内容有所变化，则应对去年的期末余额进行调整后填列。

而对于期末余额的数据来源，则主要通过以下几种方式取得：

(1)根据总账科目余额填列。例如“交易性金融资产”、“固定资产清理”、“短期借款”等项目直接根据有关总账科目的余额填列；“货币资金”项目则根据“库存现金”、“银行存款”、“其他货币资金”三个总账科目期末余额合计填列。

(2)根据明细科目余额计算填列。例如，“应收账款”项目根据“应收账款”、“预收账款”两科目所属明细科目期末借方余额合计填列；“预收账款”项目则根据“应收账款”、“预收账款”两科目所属明细科目期末贷方余额合计填列。如图 7-2、图 7-3 所示。

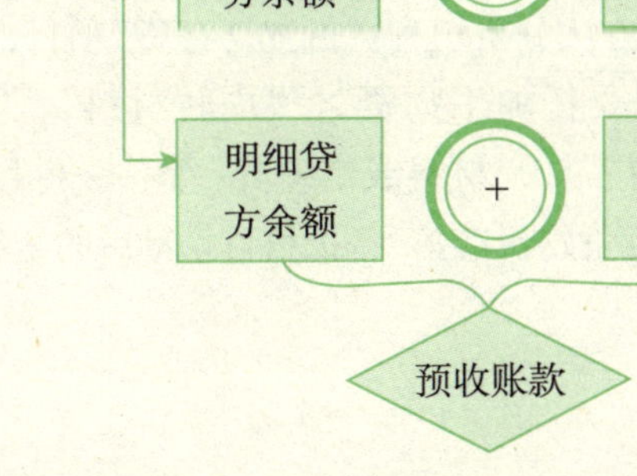

图 7-2　应收账款与预收账款账户处理示意图

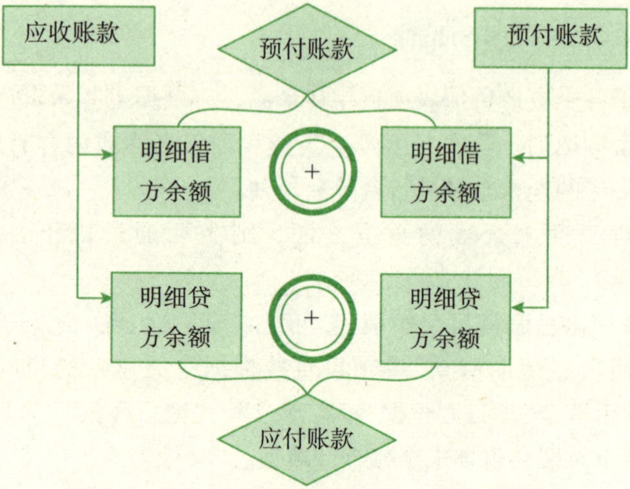

图 7－3　应付账款与预付账款会计处理示意图

(3)根据总账科目和明细科目余额分析计算填列。例如，“长期借款”项目，应当根据“长期借款”总账科目余额扣除“长期借款”科目所属明细科目中将于 1 年内到期且企业不能自主地将清偿义务展期的长期借款后的金额填列。

(4)根据总账科目与其备抵科目抵销后的净额填列。例如“固定资产”项目，应当根据“固定资产”科目期末余额，减去“累计折旧”、“固定资产减值准备”等科目期末余额后的金额填列。

(5)综合运用上述填列方法分析填列。例如“存货”项目，需根据“原材料”、“库存商品”、“委托加工物资”、“周转材料”、“材料采购”、“在途物资”、“发出商品”、“材料成本差异”等总账科目期末余额的分析汇总数，再减去“存货跌价准备”备抵科目余额后的金额填列。

小案例

某企业 2012 年 12 月 31 日结账后应收、预付款项有关科目所属明细科目借贷方余额如表 7－4 所示。

表7-4 明细科目余额表

单位：元

科目名称	借方余额合计	贷方余额合计
应收账款	2 300 000	150 000
预付账款	90 000	20 000
应付账款	750 000	1 800 000
预收账款	200 000	500 000

固定资产总账科目期末余额为283 400元，其备抵科目坏账准备的余额为5 800元。

长期借款明细科目情况如表7-5所示。

表7-5 长期借款明细科目情况

借款起始日期	借款期限(年)	金额(元)
2012年1月1日	2	2 000 000
2010年1月1日	4	1 000 000
2008年6月1日	5	2 500 000

则该企业2012年12月31日资产负债表中相关项目的金额为：

"应收账款"项目金额 = 2 300 000 + 200 000 = 2 500 000(元)。

"预付款项"项目金额 = 750 000 + 90 000 = 840 000(元)。

"应付账款"项目金额 = 1 800 000 + 20 000 = 1 820 000(元)。

"预收款项"项目金额 = 150 000 + 500 000 = 650 000(元)。

"固定资产"项目余额 = 283 400 - 5 800 = 277 600(元)。

"长期借款"项目余额 = 2 000 000 + 1 000 000 = 3 000 000(元)。

利润表

企业经营的目的在于获取利润，而是否获取利润则体现在利润表中。对于投资者来说，利润表同资产负债表一样，都能提供企业的重要信息，由于其提供了企业收入和支出的信息，所以其实质上是企业的“赚钱花钱表”。

一、什么是利润表

利润表是指反映企业在一定会计期间的经营成果的报表。通过提供利润表，可以反映企业在一定会计期间收入、费用、利润（或亏损）的数额和构成情况，帮助财务报表使用者全面了解企业的经营成果，分析企业的获利能力及盈利增长趋势，从而为其作出经济决策提供依据。同资产负债表这一静态报表不同，利润表是一张动态报表，它反映的是某一段时期，如2013年1月1日至2013年12月31日的经营成果。

二、利润表的结构及内容

利润表一般有表首、正表两部分。其中表首说明报表名称、编制单位、编制日期、报表编号、货币名称、计量单位等。

利润表正表的格式有单步式和多步式两种。单步式利润表是将当期所有的收入列在一起，所有的费用列在一起，再将两者相减得出当期净损益。多步式利润表是通过对当期的收入、费用、支出项目按性质加以归类，按利润形成的主要环节列示一些中间性利润指标，如主营业务利润、营业利润、利润总额、净利润，分步计算当期净损益。我国企业利润表采用多步式格式，其主要科目包括营业收入、营业利润、利润总额和净利润。如图7－4所示。

利润表

报表名称

年____月

编制单位名称

编制单位：

编制日期

单位：元

项目	本期金额	上期金额
一、营业收入		
减：营业成本		
营业税金及附加		
销售费用		
管理费用		
财务费用		
资产减值损失		
加：公允价值变动收益（损失以“－”号填列）		
投资收益（损失以“－”号填列）		
其中：对联营企业和合营企业的投资收益		
二、营业利润（亏损以“－”号填列）		
加：营业外收入		
减：营业外支出		
其中：非流动资产处置损失		
三、利润总额（亏损总额以“－”号填列）		
减：所得税费用		
四、净利润（净亏损以“－”号填列）		
五、每股收益：		
（一）基本每股收益		
（二）稀释每股收益		

反映企业经营主要业务和其他业务所确认的收入总额，为企业所有利润数据的最原始点

从营业收入中扣除营业成本以及各类期间费用和相关税金所得出的金额，体现了企业日常经营所获得的利润

反映企业实现的总利润，其金额为营业利润加上营业外收入再减去营业外支出

利润总额减去所得税费用的金额

图 7－4　利润表的填制

三、利润表的编制

企业的利润表分三个步骤编制，如图 7－5 所示。

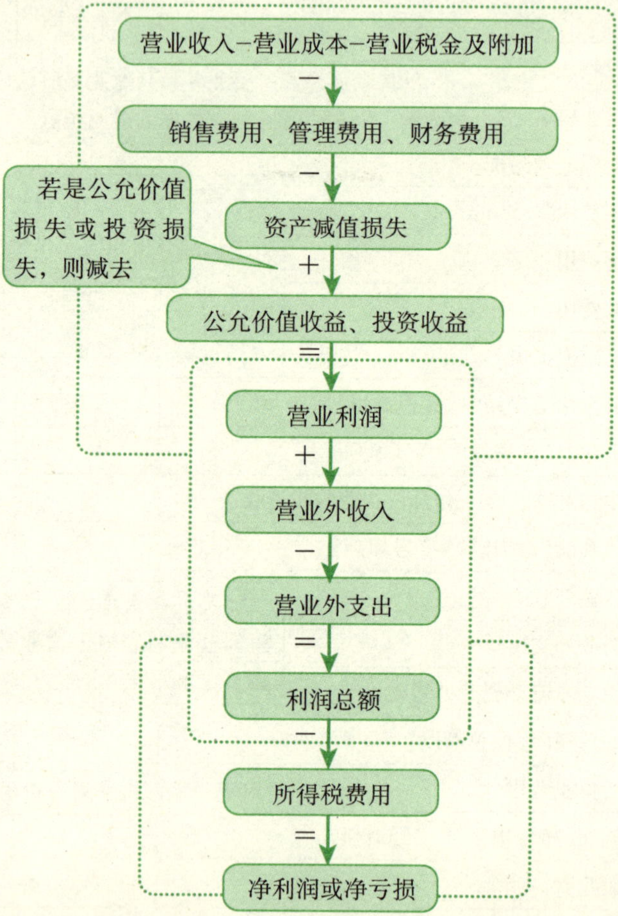

图 7－5　利润表的编制

利润表各项目均需填列“本期金额”和“上期金额”两栏。

在编制中期利润表时，“本期金额”栏应分为“本期金额”和“年初至本期末累计发生额”两栏，分别填列各项目本中期(月、季或半年）各项目实际发生额，以及自年初起至本中期（月、季或半年）期末止的累计实际发生额。“上期金额”栏应分为“上年可比本中期金额”和“上年初至可比本中期末累计发生额”两栏，应根据上年可比中期利润表“本期金额”下对应的两栏数字分别填列。上年度利润表与本年度利润表的项目名称和内容不一致的，应对上年度利润表项目的名称和数字按本年度的规定进行调整。

年终结账时，由于全年的收入和支出已全部转入“本年利润”科目，并且通过收支对比结出本年净利润的数额。因此，应将年度利润表中的“净利润”数字，与“本年利润”科目结转到“利润分配——未分配利润”科目的数字相核对，检查账簿记录和报表编制的正确性。

小案例

A 公司 2012 年第一季度、第二季度、第三季度实现的利润表各项目金额如表 7－6 所示。

表 7－6　A 公司利润表

单位：元

项目	第一季度	第二季度	第三季度
一、营业收入	200 000	450 000	300 000
减：营业成本	70 000	140 000	90 000
营业税金及附加	8 000	10 000	9 000
销售费用	5 000	6 000	5 000
管理费用	10 000	12 000	11 000
财务费用	10 000	10 000	10 000
资产减值损失	1 000	2 000	1 000
加：公允价值变动收益（损失以“－”号填列）			
投资收益（损失以“－”号填列）			

（续表）

项目	第一季度	第二季度	第三季度
其中：对联营企业和合营企业的投资收益			
二、营业利润（亏损以“-”号填列）	96 000	270 000	174 000
加：营业外收入	6 000	2 000	4 000
减：营业外支出	4 000	3 000	1 600
其中：非流动资产处置损失			
三、利润总额（亏损总额以“-”号填列）	98 000	269 000	176 400
减：所得税费用	24 500	67 250	44 100
四、净利润（净亏损以“-”号填列）	73 500	201 750	132 300

则第三季度的利润表如表7-7所示。

表7-7　A公司利润表（三季度）

编制单位：A公司　　　　2012年7~9月　　　　单位：元

项目	本期金额	年初至本期末累计发生额	上年可比本中期金额	上年初至可比本中期末累计发生额
一、营业收入	300 000	950 000		
减：营业成本	90 000	300 000		

（续表）

项目	本期金额	年初至本期末累计发生额	上年可比本中期金额	上年初至可比本中期末累计发生额
营业税金及附加	9 000	27 000		
销售费用	5 000	16 000		
管理费用	11 000	33 000		
财务费用	10 000	30 000		
资产减值损失	1 000	4 000		
加：公允价值变动收益（损失以“－”号填列）				
投资收益（损失以“－”号填列）				
其中：对联营企业和合营企业的投资收益				
二、营业利润（亏损以“－”号填列）	174 000	540 000		
加：营业外收入	4 000	12 000		
减：营业外支出	1 600	8 600		
其中：非流动资产处置损失				
三、利润总额（亏损总额以“－”号填列）	176 400	543 400		
减：所得税费用	44 100	135 850		

（续表）

项目	本期金额	年初至本期末累计发生额	上年可比本中期金额	上年初至可比本中期末累计发生额
四、净利润(净亏损以“－”号填列)	132 300	407 550		
五、每股收益：				
（一）基本每股收益				
（二）稀释每股收益				

现金流量表

考察企业经营状况除了看资产负债情况和盈利状况外，还必须兼顾企业的现金流量情况。试想，如果企业所有的商品都采取赊销的方式销售而又不考虑购买方的经济实力，它的利润水平可能会较高，但是其经济状况却并不乐观，由于没有现金，企业将会陷入偿付危机。因此，现金流量表也是了解企业经营状况必不可少的报表，它提醒企业不要只顾加速(追求业绩)，忘了油箱没油(应收账款未到账)。

一、什么是现金流量表

现金流量表是反映在一定会计期间内，企业现金和现金等价物流入和流出情况的报表。通过现金流量表可以分析企业在短期内有没有足够的现金去应付各项开支。

二、现金流量及其分类

现金流量是指一定会计期间内企业现金和现金等价物的流入和流出。现金是指企业库存现金以及可以随时用于支付的存款，包括库存现金、银行存款和其他货币资金(如外埠存款、银行汇票存款、银行本票存款)等。不能随时用于支付的存款不属于现金。现金等价物，是指企业持有的期限短、流动性强、易于转换为已知金额现金、价值变动风险很小的投资。期限短，一般是指从购买日起三个月内到期。因此，企业从银行提取现金、用现金购买短期到期的国库券等现金和现金等价物之间的转换不属于现金流量。现金流量的内容如图 7 – 6 所示。

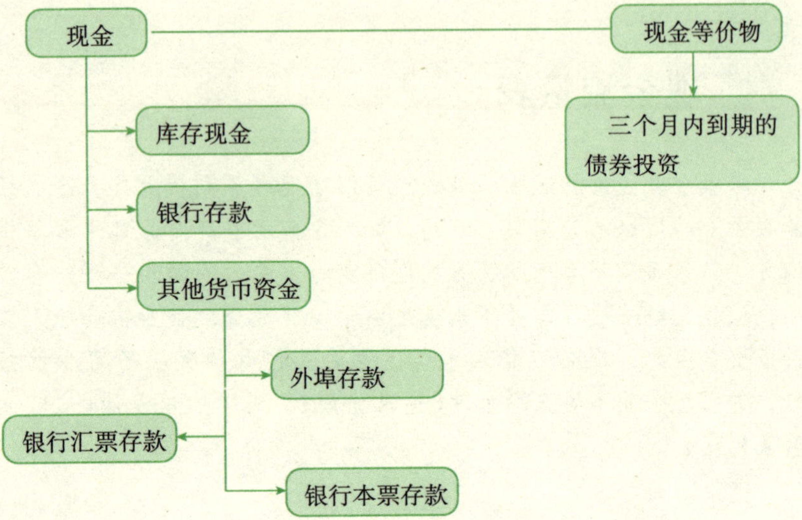

图 7－6　现金流量的内容

企业产生的现金流量分为经营活动产生的现金流量、投资活动产生的现金流量和筹资活动产生的现金流量三类。其中，投资活动是指企业长期资产的购建和不包括在现金等价物范围内的投资及其处置活动，筹资活动是指导致企业资本及债务规模和构成发生变化的活动，经营活动则是上述活动以外的所有交易和事项。具体分类如图 7－7 所示。

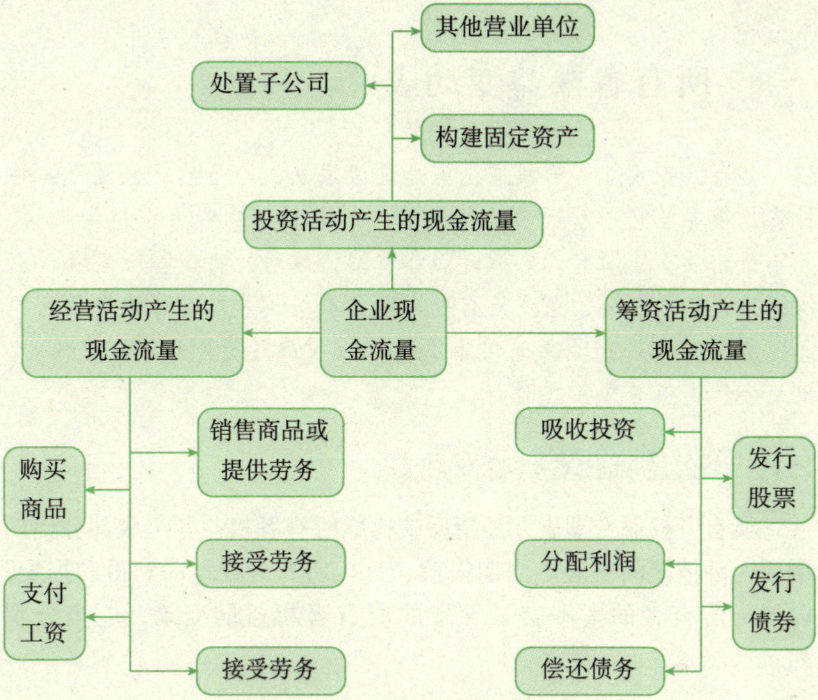

图7－7　企业现金流量的分类

二、现金流量表的编制

企业应当采用直接法列示经营活动产生的现金流量，即通过现金收入和现金支出的主要类别列示经营活动的现金流量。

采用直接法编制经营活动的现金流量表时，一般以利润表中的营业收入为起算点，调整与经营活动有关的项目的增减变动，然后计算出经营活动的现金流量。

所有者权益变动表

如果一家企业资产雄厚，但是负债累累，即虽然有钱进行各种投资，现在的经营状况也进程良好，但是企业的钱大多是借来的，并不是企业真正所有，则随时面临着偿债风险。负债和所有者权益像是跷跷板的两端，企业只有把握好资产结构才能有好的发展。因此，所有者权益变动表也反应了股东的利益，是企业应该重视的，也是会计人员必须掌握的。

一、什么是所有者权益变动表

所有者权益变动表，是指反映构成所有者权益各组成部分当期增减变动情况的报表。当期损益、直接所有者权益的利得和损失，以及与所有者的资本交易导致的所有者权益的变动，应当分别列示。

二、所有者权益变动表的内容及结构

在所有者权益变动表中，企业至少应当单独列示反映下列信息的项目：①净利润；②直接所有者权益的利得和损失项目及其总额；③会计政策变更和差错更正的累积影响金额；④所有者投入资本和向所有者分配利润等；⑤提取的盈余公积；⑥实收资本或股本、资本公积、盈余公积、未分配利润的期初和期末余额及其调节情况。所有者权益变动表的格式如表 7－8 所示。

表7－8 所有者权益变动表

（新会计准则适用一般企业）

编制单位：　　　　＿＿＿＿年度　　　　单位：元

项目	本年金额						上年金额					
	实收资本（或股本）	资本公积	减：库存股	盈余公积	未分配利润	所有者权益合计	实收资本（或股本）	资本公积	减：库存股	盈余公积	未分配利润	所有者权益合计
一、上年年末余额												
加：会计政策变更												
前期差错更正												
二、本年年初余额												
三、本年增减变动金额（减少以"－"号填列）												
（一）净利润												
（二）直接计入所有者权益的利得和损失												
1. 可供出售金融资产公允价值变动净额												
2. 权益法下被投资单位其他所有者权益变动的影响												

（续表）

项目	本年金额						上年金额					
	实收资本（或股本）	资本公积	减：库存股	盈余公积	未分配利润	所有者权益合计	实收资本（或股本）	资本公积	减：库存股	盈余公积	未分配利润	所有者权益合计
3. 与计入所有者权益项目相关的所得税影响												
4. 其他												
上述（一）和（二）小计												
（三）所有者投入和减少资本												
1. 所有者投入资本												
2. 股份支付计入所有者权益的金额												
3. 其他												
（四）利润分配												
1. 提取盈余公积												
2. 对所有者（或股东）的分配												
3. 其他												
（五）所有者权益内部结转												

（续表）

项目	本年金额						上年金额					
	实收资本（或股本）	资本公积	减：库存股	盈余公积	未分配利润	所有者权益合计	实收资本（或股本）	资本公积	减：库存股	盈余公积	未分配利润	所有者权益合计
1. 资本公积转增资本（或股本）												
2. 盈余公积转增资本（或股本）												
3. 盈余公积弥补亏损												
4. 其他												
四、本年年末余额												

四、所有者权益变动表的编制

1.“上年年末余额”项目

反映企业上年资产负债表中实收资本（或股本）、资本公积、库存股、盈余公积、未分配利润的年末余额。

2.“会计政策变更”、“前期差错更正”项目

分别反映企业采用追溯调整法处理的会计政策变更的累积影响金额和采用追溯重述法处理的会计差错更正的累积影响金额。

3.“本年增减变动额”项目

（1）“净利润”项目，反映企业当年实现的净利润（或净亏损）金额。

（2）“直接所有者权益的利得和损失”项目，反映企业当年直接所有者权益的利得和损失金额。

(3)"所有者投入和减少资本"项目，反映企业当年所有者投入的资本和减少的资本。

(4)"利润分配"项目，反映企业当年的利润分配金额。

(5)"所有者权益内部结转"项目，反映企业构成所有者权益的组成部分之间的增减变动。